OTTO HERMANN PESCH

GERECHTFERTIGT AUS GLAUBEN

QUAESTIONES DISPUTATAE

Herausgegeben von
KARL RAHNER UND HEINRICH SCHLIER †

Theologische Redaktion
HERBERT VORGRIMLER

Internationale Verlagsschriftleitung
ROBERT SCHERER

97

GERECHTFERTIGT AUS GLAUBEN

OTTO HERMANN PESCH

GERECHTFERTIGT AUS GLAUBEN

LUTHERS FRAGE AN DIE KIRCHE

HERDER
FREIBURG · BASEL · WIEN

DEN EVANGELISCHEN GEFÄHRTEN
AUF MEINEN WEGEN ZU MARTIN LUTHER

ALBRECHT PETERS
ULRICH KÜHN
HANS VORSTER

Herstellung: Freiburger Graphische Betriebe 1982
ISBN 3-451-02097-1

Inhalt

Vorwort

Das „Lutherjahr“ 1983, das Gedenken an Luthers Geburtstag am 10. November 1483, rückt unaufhaltsam heran. Von diesem Halbjahrtausend-Ereignis kann man in der totalen Medienwelt unserer Region und unserer Zeit eines mit Sicherheit voraussagen: Nach dem 10. November 1983 wird man schlagartig für etliche Jahre die Nennung des Namens „Luther“ mit geistig-geistlichen Allergien bezahlen – abgesehen von der unvermeidlichen Welle der dann fälligen „Bilanzen“ des Lutherjahres.

Die einzige Chance, aus dem Lutherjahr mehr in die folgenden Jahre zu retten als die Erinnerung an einen großen und teuren Rummel (mit zahllosen ökumenischen Feiertagsreden), ist, auf der Bearbeitung von Fragen und Themen der Theologie Luthers zu bestehen, die sich auch im Lutherjahr nicht von selbst erledigen werden, obwohl sie dringend mit theoretischen und praktischen Konsequenzen vom Tisch gebracht werden müßten – und auch könnten, so optimistisch bin ich nämlich. Dazu wollen die drei Studien dieser „Quaestio disputata“ einen Beitrag leisten. Hier wie auch sonst ist der Reihen-Titel wörtlich zu nehmen: Die Studien wollen zum Disputieren einladen. Ich hätte gar nichts dagegen, wenn sie, als Kontrapunkt zu den zu erwartenden Festreden, auch Streit entfachen, zornige Einrede von hüben wie drüben provozieren. Denn, ich gestehe es mit Freimut, auch mir hat streckenweise der Zorn den Kugelschreiber geführt, und ich habe mich nicht bemüht, ihn immer in schalldichte wissenschaftliche Sachlichkeit zu verpacken.

Es geht im folgenden, quer durch alle Einzelfragen, um Luthers „articulus stantis et cadentis ecclesiae“, frei übersetzt: um das *Rechtfertigungsverständnis,* insofern mit ihm das *Kirchesein der Kirche* steht und fällt. Seit gut einem Vierteljahrhundert wird die These vertreten – auch von evangelischen Lutherforschern –, die Rechtferti-

gungslehre Luthers sei „nicht mehr kirchentrennend“, die alte Kontroverse sei nach Klärung von Mißverständnissen und beiderseitigem Dazulernen zum Streit um angemessene theologische Artikulationsformen, ja zum Streit um Worte geworden. Einziges ernstzunehmendes Kontroversthema, auf das gegebenenfalls verbleibende andere wie Meßopfer und Mariologie zurückzuführen seien, sei das Verständnis von der Kirche, ihrem Wesen, ihrer Aufgabe, ihrer sichtbaren Gestalt, ihrem Amt. Auf kritische Rückfragen, ob das denn nicht noch immer der Streitfragen genug seien, hat man – auch ich – gern mit der Parole reagiert: Laßt uns doch froh sein, daß wir uns *nur* noch über die Kirche, über den Papst, über das Meßopfer, über Maria streiten, aber darin einig zu sein scheinen, daß wir durch Gottes Gnade allein um Christi willen gerechtfertigt sind und das im Glauben allein, ohne alle Vorbedingungen, annehmen dürfen! Doch diese Parole verharmlost das Problem. Weniger optimistische Lutherforscher und lutherische Theologen, und zwar aus allen „Schulen“ der Lutherforschung, haben denn auch im gleichen Zeitraum stets betont, Rechtfertigungslehre und Kirchenverständnis seien nicht zwei verschiedene Themen, von denen das eine abgehakt, das andere leider noch nicht abgehakt sei. Vielmehr ziele die Frage nach dem richtigen Verständnis der Rechtfertigung des Sünders aus Glauben allein ihrem Sachgehalt nach direkt auf die Frage nach Wesen, Auftrag und Gestalt der Kirche. Wenn man sich im Kirchenverständnis nicht einig sei, dann beweise dies, daß man sich auch im Rechtfertigungsverständnis nicht einig sei. Der ekklesiologische Dissens mache jeden soteriologischen Konsens zur Illusion. Darauf wiederum reagieren vor allem katholische Lutherforscher mit der These, die ekklesiologischen Auffassungen, zu denen Luther in den Jahren zwischen 1518 und 1520 gekommen sei, könnten auch heute katholischerseits nicht akzeptiert werden (und insofern sei die Exkommunikation Luthers 1521 gerechtfertigt, auch wenn sie kaum noch mit den Vorwürfen der Bannandrohungsbulle begründet werden könne). Aber, so diese Lutherforscher weiter: diese ekklesiologischen Auffassungen folgten *nicht* zwingend aus der Rechtfertigungslehre. Man könne daher in der Rechtfertigungslehre mit Luther einig sein und seiner Lehre von der Kirche dennoch entschieden widersprechen.

Man sieht, wie leichtfertig der Vorwurf wäre bzw. ist, wenn es in

der Kirchenfrage „nicht vorwärts ginge", sei das nur eine Folge der Unbeweglichkeit erstarrter Institutionen und des „Machterhaltungswillens" der kirchlichen „Funktionäre". Der viel beklagte (und unbestreitbare) „ökumenische Stillstand" steht im Zusammenhang einer *fundamentalen theologischen Frage*. Es ist an der Zeit, ihr tiefer auf den Grund zu gehen, als es gewöhnlich geschieht. Die folgenden Studien wollen dazu einen Schritt weit helfen. Nicht den ersten Schritt, das wäre sehr überheblich. Aber einen weiteren Schritt. Zumindest wollen sie einen Diskussionsstand analysieren, der komplizierter ist, als man gewöhnlich vermutet.

Dabei adressiert sich die *erste Studie* primär an die evangelischen Gesprächspartner. Ich bin überzeugt, daß sie mit der konzessionslosen Überprüfung des Konsenses in der Rechtfertigungslehre an Theologie und Praxis der katholischen Kirche einem theologischen Rigorismus zum Opfer fallen, der die Bedingungen, unter denen sich (neue) theologische Einsichten in geschichtliche Wirklichkeit umsetzen, zu wenig in Rechnung stellt. Die Glaubwürdigkeit einer solchen kritischen Rückfrage schließt freilich Anfragen und Forderungen des Katholiken an *seine* Kirche ein, und insofern richtet sich die Studie in zweiter Linie auch an die Adresse der katholischen Theologie. – Was in der ersten Studie Nebenlinie ist, wird in der *zweiten* zur Hauptfrage: Welche legitimen, bis heute unbeantworteten Fragen stellt Luthers Rechtfertigungslehre an die katholische Kirche? Es kann aber dabei umgekehrt auch nicht ohne Rückfragen an die evangelische Theologie und Kirche abgehen. Denn nicht alles, was Luther und heutiges lutherisches Kirchentum an ekklesiologischer Gegenwirklichkeit gegen die katholische Kirche aufgebaut haben, kann von ebenso legitimen katholischen Rückfragen verschont bleiben. – Die *dritte Studie* ist eine längst fällige und immer wieder aufgeschobene Antwort an Peter Manns. Sie nimmt Bezug auf seine kritische – hauptsächlich gegen mich kritische – kleine Schrift „Lutherforschung heute" von 1967, in der es vor allem um das Verhältnis von historischer und systematischer Lutherforschung geht. Es war vielleicht doch ein guter Instinkt, der mich bis jetzt eine Antwort immer wieder hinauszögern ließ. Denn wahrscheinlich bin ich erst heute in der Lage, die Antwort so zu schreiben, wie es der Sache angemessen ist. Vor allem aber kann es heute geschehen auf dem goldenen Boden einer mitten in allen streitigen Diskussionen in

Jahren gewachsenen persönlichen Freundschaft, die ich im Lutherjahr auch vor aller Öffentlichkeit dokumentieren möchte. Auch die Studie zu Peter Manns ist aber – und aus diesem Grunde wird sie in diese „Quaestio disputata“ aufgenommen – eine Studie zum Verhältnis von Rechtfertigungslehre und Kirchenverständnis. Wenn es nämlich wahr ist, daß in der Rechtfertigungslehre Konsens erreicht ist, dann muß der katholische Theologe sich zwingend einen Reim darauf machen, daß das Konzil von Trient eindeutig (wenn auch ohne Namensnennung) bestimmte Thesen Luthers zurückgewiesen und jeden mit dem Anathem bedroht hat, der sie sich zu eigen macht. Der Hinweis auf Mißverständnisse hilft hier nicht weiter und auch nicht der Hinweis auf die Funktion dogmatischer Formulierungen als „Sprachregelungen“. Denn Konsens in der Rechtfertigungslehre besagt eben dies, daß die Trienter Sprachregelungen überschritten werden – ohne daß noch jemand das Anathem fürchten zu müssen glaubt. Wenn das mit rechten Dingen zugehen soll, dann zwingt es zu einer hermeneutischen Besinnung auf die Geschichtlichkeit kirchlicher Glaubensformulierungen, ja auf die theologische Legitimität des Wandels in der Kirche überhaupt. Das genau führt zur Frage nach dem Verhältnis zwischen historischer und systematischer Lutherforschung, denn ganz offenkundig ist ein heutiger Konsens in der Rechtfertigungslehre nicht *allein* durch den Aufweis vorlutherischen „katholischen Erbes“ in der reformatorischen Theologie Luthers zu erhärten.

Rechtfertigung und Kirche – so könnte also der Titel dieses Buches gut und gern lauten. Damit wäre auf das streitbare Buch von Gottfried Maron „Kirche und Rechtfertigung“ von 1969 angespielt, eine Generalabrechnung mit dem Zweiten Vatikanischen Konzil. Gegen dieses Buch mag man mit Recht viel Kritisches sagen – aber eine konstruktive Antwort ist m. W. von katholischer Seite nicht erfolgt. Vielleicht kann hier, in der Form des „Ganzen im Fragment“, wenigstens eine Teilantwort versucht werden. Jedenfalls wird des öfteren auf dieses Buch hinzuweisen sein, denn es formuliert in unüberbietbarer Schärfe die evangelische These, von Konsens in der Rechtfertigungslehre könne aus Gründen des katholischen Kirchenverständnisses, gerade auch des konziliaren, keine Rede sein.

Alle drei in diesem Buch vereinigten Studien sind unabhängig voneinander entstanden, die dritte erst für dieses Buch geschrieben.

Die ersten beiden Studien wurden in umgekehrter Reihenfolge erarbeitet – erst nachträglich sah ich, wie sehr sie thematisch ineinandergreifen. Dies veranlaßte den Plan, sie in einem Buch zusammenzufassen. Sie sind ursprünglich Gastvorlesungen, und zwar die erste Studie an der Katholisch-Theologischen Fakultät der Universität Mainz im Dezember 1981 und des (evangelischen) Theologischen Seminars in Leipzig im Juni 1982, die zweite an der Theologischen Hochschule St. Pölten und an der Katholisch-Theologischen Fakultät der Universität Wien, beide im Januar 1981. Die ersteinladenden Fakultäten hatten mir jeweils das Thema gestellt. Meinen jeweiligen Hörern habe ich für viel ermunternden Zuspruch und für intensive Diskussion zu danken. Dem Verlag Herder sowie dem theologischen Redakteur der „Quaestiones disputatae", Herrn Kollegen Herbert Vorgrimler, danke ich herzlich, daß sie auf meine sehr plötzliche Idee dieses Bandes so rasch und effektiv eingegangen sind.

Es hatte die Chance bestanden, daß im Lutherjahr noch eine weitere „Quaestio disputata" zum Thema dieses Ereignisses erscheinen konnte. Sie besteht nicht mehr. Das kam so: Die Arbeitsgemeinschaft deutschsprachiger katholischer Dogmatiker und Fundamentaltheologen veröffentlicht seit geraumer Zeit in den „Quaestiones disputatae" die Referate ihrer alle zwei Jahre stattfindenden Arbeitstagungen (vgl. QD Nr. 56, 61, 72, 79, 85, 91). Auf der letzten Tagung Anfang Januar 1981 in Freising bei München wurde der Vorschlag gemacht, für die nächste Tagung am Beginn des Lutherjahres ein kontroverstheologisches Thema im Zusammenhang mit Luther vorzusehen. Die Mehrheit der Mitgliederversammlung und, ihr folgend, der Beirat, der die Tagung vorbereitet, entschied sich für das Thema „Aktuelle Perspektiven der Trinitätstheologie". Es verschlägt einem gleich doppelt den Atem: einmal, weil gerade die Dogmatiker und Fundamentaltheologen im Ursprungsland der Reformation es fertigbringen, den 500jährigen Geburtstag Martin Luthers zu ignorieren, zum anderen, weil einem natürlich jeder Einspruch gegen die Bedeutung der Trinitätslehre im Halse stecken bleiben muß. Schließlich hat auch Martin Luther den Glauben an den dreieinigen Gott immer völlig ungebrochen vorausgesetzt und in oft origineller Weise in seine theologische Reflexion einbezogen. Aber kann es als ökumenisch sensibel angesehen werden, dieses Ewigkeitsthema Trinität zum Lutherjahr auf die Tagesordnung zu setzen? Wer dabei

war, weiß, daß selbst diese *Frage* schon zuviel in die Motive der Freisinger Mehrheit hineininterpretiert. Und so werde ich das Gefühl nicht los, mich vor meinen evangelischen Gesprächspartnern für diesen unglaublichen Fall von theologischem „business as usual" entschuldigen zu müssen – auch im Namen der qualifizierten Minderheit, die bis hin zu konkreten Vorschlägen eine andere Entscheidung herbeiführen wollte. Es ist zur Zeit „Winter in der Kirche", hat Karl Rahner jüngst formuliert (*Publik-Forum* vom 12. März 1982, S. 17f.). Es ist wohl auch Winter im ökumenischen Gespräch. Wie soll man im Blick auf Vorfälle wie den hier berichteten das resignierte Stichwort vom „ökumenischen Stillstand" entkräften? Was zu tun bleibt, ist, für „Wintersaat" unter der Schnee- und Eisdecke zu sorgen – in der Hoffnung auf wärmere Zeiten; in der Hoffnung, daß ein halbes Jahrhundert ökumenisch-theologischer Arbeit nicht umsonst waren.

In dieser Hoffnung widme ich dieses Buch den gleichaltrigen evangelischen Gefährten auf meinem Weg zu Luther: Albrecht Peters (Heidelberg), Ulrich Kühn (Leipzig), Hans Vorster (Frankfurt a.M.).

Otto Hermann Pesch

Hinweis: Weil alle drei Studien in sich geschlossen sind, wird der Leser in den Anmerkungen mit wenig Querverweisen auf die anderen Studien belästigt. Statt dessen werden Literaturangaben jeweils mit allen üblichen Mitteilungen neu gemacht, auch, wenn sie in den vorangehenden Studien schon einmal verzeichnet wurden.

Alle Abkürzungen nach Lexikon für Theologie und Kirche. Andernfalls wurde auf Abkürzung verzichtet.

ERSTE STUDIE

Die Rechtfertigungslehre – immer noch kirchentrennend?

I. Der Anfang: forte und piano subito

Kontroverstheologische Situationsbeschreibungen pflegen eine Ausdrucksweise, die dem militärischen Bereich entnommen ist oder ihm nahe steht. Da wird angegriffen und verteidigt, werden Gesprächspartner nach Gegnern und Verbündeten eingeteilt, werden Argumente und Gegenargumente ins Feld geführt, werden Gräben aufgerissen und zugeschüttet, Bastionen geschleift, Positonen erledigt (oder unangreifbar gemacht), Argumentationsstrategien entwikkelt, taktische Einigungen gegen größere Bedrohungen erreicht, Vorsprünge erzielt, Nachhutgefechte geführt, Friedensschlüsse gefeiert (man nennt sie Konkordien, gemeinsame Erklärungen u. ä.), gelegentlich aber auch bedingungslose Kapitulation gefordert. Ich gestehe gern ein, auch selbst einer solchen kriegerischen Terminologie oftmals allzu unkontrolliert verfallen zu sein. Aber paßt sie in den friedlichen Stil des heutigen Gespräches zwischen den Kirchen, wo die Erinnerung an blutige Konfessionskriege nur noch verständnisloses Kopfschütteln auslösen kann? Versuchen wir – und wäre es nur zur Abwechslung – statt der militärischen einmal musikalische Bilder. Dann fängt das Stück mit der Überschrift „Die Rechtfertigungslehre – immer noch kirchentrennend?" mit einem strahlenden Dur-Akkord im „fp" an: Man spielt ihn kräftig an (forte) und läßt ihn sofort anschließend in plötzlicher Abschwächung (piano subito) leise weiterklingen. Übrigens kann man dies kaum auf einem einzelnen Tasteninstrument, sehr überzeugend aber mit einem Orchester machen – und auch das paßt ins Bild. Denn auf die Frage: „Ist die Rechtfertigungslehre nicht mehr kirchentrennend?", ist man im ersten Augenblick geneigt, mit einem volltönenden „Ja!" zu antworten und meint dabei, das große Orchester heutiger katholischer und

evangelischer Theologie zu dirigieren. Aber im nächsten Augenblick muß der Dirigent den weitausholenden Gestus ganz zurücknehmen, das Orchester spielt plötzlich ganz leise, ja, einige Instrumente verringern die große Terz zur kleinen, und aus dem strahlenden Dur wird ein wehmütig-geduldiges Moll. Stimmt das denn, daß die Rechtfertigungslehre die Kirchen nicht mehr trennt, zumindest nicht mehr trennen müßte, wenn nichts anderes sie mehr trennte? Sind die Theologen beider Konfessionen im Verständnis der Rechtfertigung des Sünders aus Glauben allein einig – eines Sinnes hinsichtlich all dessen, was damit gesagt sein will? Einig wenigstens soweit, als es die Einheit der Kirche erfordert? Faktisch sind die römisch-katholische Kirche und die Kirchen der Reformation immer noch getrennt, sie führen das beiderseits auf Ausgangspositionen zurück, die in der Reformationszeit bezogen wurden. Es ist darum nach Lage der Dinge nicht vorauszusetzen, sondern zu beweisen, daß die Rechtfertigungslehre dazu *nicht* (mehr) gehört. Denn im 16. Jahrhundert hat die lutherische Reformation sie als den entscheidenden Grund geltend gemacht, dessentwegen notfalls auch die Trennung von der Kirche Roms in Kauf genommen werden müsse: „Von diesem Artikel kann man nichts weichen oder nachgeben, es falle Himmel und Erden oder was nicht bleiben will; ... Und auf diesem Artikel stehet alles, das wir wider den Bapst, Teufel und Welt lehren und leben. Darum mussen wir des gar gewiß sein und nicht zweifeln. Sonst ist's alles verlorn, und behält Bapst und Teufel und alles wider uns den Sieg und Recht."[1] Nimmt man auch heute noch deswegen und *vor allem* deswegen die Kirchenspaltung in Kauf?

Wir wollen dazu zunächst die Stellungnahmen in der katholischen und evangelischen Theologie der Gegenwart durchsehen und zu bewerten versuchen (II.). Danach haben wir zu prüfen, nach welcher Argumentationsstruktur die – unterschiedlichen – Antworten auf unsere Frage verlaufen. Im musikalischen Bild: Gibt es jeweils so etwas wie einen „cantus firmus", der das kontroverstheologische Stimmengewirr beherrscht (III.)? Schließlich wird eine persönliche Stellungnahme, eine eigene These zu entwickeln sein, – wenn unser Bericht nicht *bloßer* Bericht bleiben soll (IV.). Dieses kontroverstheologische Solo wird abschließend daraufhin zu prüfen sein, ob

[1] Schmalkaldische Artikel, II. Teil, Art. 1: BSLK 415, 21–416, 6.

und wie es zum Tutti des kontroverstheologischen Orchesters paßt (V.).

II. Das kontroverstheologische Stimmengewirr

1. In der „Pianischen Ära“

Von Karl Rahner stammt die These, daß man das Zweite Vatikanische Konzil verstehen könne als die kirchenamtliche Beendigung der „Pianischen Ära“ – also jener Epoche der Kirchengeschichte, die von der Französischen Revolution bis zur Ankündigung des Zweiten Vatikanischen Konzils reicht, äußerlich maßgebend durch die Pius-Päpste (von Pius VII. bis Pius XII.) geprägt und sachlich dadurch gekennzeichnet ist, daß die Kirche nach dem Ende ihres maßgeblichen kulturellen und politischen Einflusses ihr Eigenes, ihre Botschaft, ihr inneres Leben durch konsequente Abgrenzung und Selbstverschließung gegen die moderne Welt bewahren und fördern zu müssen glaubte[2]. Dies gilt, wie nicht lange veranschaulicht werden muß, auch und gerade für das Verhältnis zu Lehre und Leben der nicht-katholischen Kirchen, insbesondere der Kirchen der Reformation. Um so erstaunlicher ist es, daß schon in dieser Zeit katholische wie evangelische Stimmen zu hören sind, die, mit dem nüchternen Blick aus historischem Abstand, feststellen, ein unbefangenes neues Gespräch über die Rechtfertigungslehre könne fruchtbar werden, theologischer Einklang sei möglich, ja fast schon erreicht, und es gelte nun, nicht im Streit um Worte steckenzubleiben. Was die katholische Seite betrifft, so belehrt ein Blick in die gesammelten Aufsätze von Robert Grosche, die 1938 unter dem Titel „Pilgernde Kirche“ erschienen, oder ein Blick in Otto Karrers Buch „Um die Einheit der Christen“, wie sehr der heutige Ökumeniker auf den Schultern der Väter steht, wenn er hoffnungsvolle Urteile

---

[2] Vgl. *K. Rahner,* Zehn Jahre nach dem Konzil, in: Zehn Jahre nach dem Konzil – eine kritische Bilanz (Manuskript-Druck der Tagung der Paulus-Akademie Zürich vom 28. September 1975) 1–16. Rahner hat diesen Aufsatz noch nicht in den „Schriften zur Theologie“ abgedruckt. Vgl. aber *ders.,* Theologische Grundinterpretation des II. Vatikanischen Konzils, aaO XIV, 287–302; Die bleibende Bedeutung des II. Vatikanischen Konzils, aaO 303–318; Rückblick auf das Konzil, in: ders., Toleranz in der Kirche (Freiburg i. Br. 1977) 105–126; auch *ders.,* Strukturwandel der Kirche in der künftigen Gesellschaft, in: Schriften zur Theologie XIV, 333–354; bes. 334–337.

wagt[3]. Eine frühe lutherische Äußerung dürfte Hans Asmussen sein in seiner Schrift: „Warum noch lutherische Kirche" von 1949. Und auch Max Lackmanns Buch „Katholische Einheit und Augsburger Konfession" von 1959 gehört, weil auf Vorarbeiten aufruhend, noch in diese Epoche[4]. Wer, was begreiflich, aber nicht gerecht wäre, diesen Namen nicht ganz traut, vergewissere sich bei Peter Brunner in

---

[3] Vgl. *R. Grosche,* Pilgernde Kirche (Freiburg i. Br. 1938, ²1969); *O. Karrer,* Um die Einheit der Christen (Frankfurt am Main 1953) bes. 37–40 (mit Verweis auf seine früheren Arbeiten von 1941!); vgl. auch *J. Hessen,* Luther in katholischer Sicht (Bonn 1947, ²1949); *E. Przywara,* Humanitas. Der Mensch gestern und morgen (Nürnberg 1952) 376–400 (über Luther).

Überlicke über die Entwicklung der katholischen Auseinandersetzung mit Martin Luther, die immer auch und besonders eine Auseinandersetzung mit seiner Rechtfertigungslehre war und ist: *K. Forster* (Hg.), Wandlungen des Lutherbildes (Würzburg 1966); *H. Gehrig* (Hg.), Martin Luther. Gestalt und Werk (Karlsruhe 1967); *O. H. Pesch,* Zwanzig Jahre katholische Lutherforschung, Luth. Rundschau 16 (1966) 392–406; *ders.,* Abenteuer Lutherforschung. Wandlungen des Lutherbildes in katholischer Theologie. Die neue Ordnung 20 (1966) 417–430; *ders.,* Ketzerfürst und Kirchenlehrer. Wege katholischer Begegnung mit Martin Luther (= Calwer Hefte 114) (Stuttgart 1971); *P. Manns,* Lutherforschung heute. Krise und Aufbruch (Wiesbaden 1967); *W. Beyna,* Das moderne katholische Lutherbild (Essen 1969); *R. Stauffer,* Die Entdekkung Luthers im Katholizismus (Zollikon-Zürich 1968); *J. Brosseder,* Die katholische Luther-Rezeption, Concilium 12 (1976) 515–521; *O. H. Pesch,* Der gegenwärtige Stand der Verständigung, aaO 534–542 (das ganze Heft von Concilium steht unter dem Thema: „Luther damals und heute"); *ders.,* „Ketzerfürst" und „Vater im Glauben". Die seltsamen Wege katholischer „Lutherrezeption", in: H. F. Geißer u. a., „Weder Ketzer noch Heiliger". Luthers Bedeutung für den ökumenischen Dialog (Regensburg 1982) 123–174; *ders.,* Katholiken lernen von Luther, in: K. Lehmann (Hg.), Luthers Sendung für Katholiken und Protestanten (München 1982); und *ders.,* Hinführung zu Luther (Mainz 1982).

Speziell zu unserem Thema, darum ausführlicher und gründlicher: *A. Peters,* Reformatorische Rechtfertigungsbotschaft zwischen tridentinischer Rechtfertigungslehre und gegenwärtigem evangelischen Verständnis der Rechtfertigung, Luther-Jahrbuch 31 (1964) 77–128; *ders.,* Luthers Rechtfertigungslehre in der Interpretation der modernen katholischen Theologie, NZSTh 12 (1970) 267–293; *H. G. Pöhlmann,* Rechtfertigung. Die gegenwärtige kontroverstheologische Problematik der Rechtfertigungslehre zwischen der evangelisch-lutherischen und der römisch-katholischen Kirche (Gütersloh 1971); *M. Bogdahn,* Die Rechtfertigungslehre Luthers im Urteil der neueren katholischen Theologie (Göttingen 1971).

Nicht aus primär theologischem Interesse und darum heilsam gegen theologische „Betriebsblindheit" berichten *H. Lutz,* Zum Wandel der katholischen Lutherinterpretation, in: R. Koselleck u. a. (Hg.), Objektivität und Parteilichkeit in der Geschichtswissenschaft (Stuttgart 1977) 173–198; *R. Wohlfeil,* Das wissenschaftliche Lutherbild der Gegenwart in der Bundesrepublik Deutschland und in der Deutschen Demokratischen Republik. Ein Vergleich (Hannover 1982) 40–64; *H. Gumnior,* Vergeßt Luther. Der überholte Reformator (Reinbek 1982).

[4] Vgl. *H. Asmussen,* Warum noch lutherische Kirche? Ein Gespräch mit dem Augsbur-

seinem erst 1963 veröffentlichten, aber bereits 1949 ausgearbeiteten großen Aufsatz über die Rechtfertigungslehre des Konzils von Trient, der nach einer bohrenden Denkanstrengung darauf hinauskommt, daß das Rechtfertigungsdekret des Tridentinums abzüglich einer Reihe ungeschickter, mißverständlicher, gelegentlich auch gefährlicher Formulierungen in der Sache für einen lutherischen Theologen akzeptabel sei[5]. Wenige Jahre später schreibt der gewiß über jeden Verdacht des „Katholisierens" erhabene Walther von Loewenich in seinem vielbeachteten Buch „Der moderne Katholizismus" im Rahmen einer durchaus kritischen Analyse des Trienter Rechtfertigungsdekretes die erstaunlichen Sätze: „Es ist ernstlich zu fragen, ob die abstrakten lehrmäßigen Unterschiede (nämlich zwischen der Rechtfertigungslehre der lutherischen Konkordienformel und der des Trienter Konzils) in concreto wirklich einen absoluten Gegensatz bedeuten. Die Theologie ist aber verpflichtet, konkret zu denken, nicht abstrakt zu konstruieren ... Man kann sich nach alledem des Eindrucks nicht erwehren, daß der Streit um die Gnadenlehre im Reformationsjahrhundert nicht voll ausgetragen wurde. Man blieb weithin im Vorfeld des Terminologischen stecken und drang nicht wirklich bis zur Sache durch ... Mir scheint, ein vorurteilsloses interkonfessionelles Gespräch über die Gnadenlehre müßte nicht unfruchtbar verlaufen ... Man muß wohl fragen, ob heute die entscheidende Trennungslinie zwischen den Konfessionen noch über die Gnadenlehre verläuft."[6]

Selbstverständlich fehlt es nicht an katholischen und evangelischen Gegenstimmen. Adolf Stakemeier legt 1947 eine für die damalige Zeit ungewöhnlich positive und verstehend eindringende Analyse der Lehre Luthers von der „Heilsgewißheit" vor, kommt aber gerade dabei zu dem Urteil, Kern der nach wie vor nicht ausgestandenen Kontroverse mit Luther sei die Anschauung von der völligen

---

ger Bekenntnis (Stuttgart 1949) 318–330; *M. Lackmann,* Katholische Einheit und Augsburger Konfession (Graz 1959).

[5] Vgl. *P. Brunner,* Die Rechtfertigungslehre des Konzils von Trient, in: E. Schlink/H. Volk (Hg.), Pro veritate. Ein theologischer Dialog Festgabe für Erzbischof Lorenz Jaeger und Bischof W. Stählin (Münster-Kassel 1963) 59–96; abgedruckt in ders., Pro Ecclesia. Gesammelte Aufsätze zur dogmatischen Theologie (2 Bde. Berlin 1962/66) II, 141–169.

[6] *W. v. Loewenich,* Der moderne Katholizismus (Witten [4]1959 [[1]1955]) 25, 26f., 28; Neuausgabe unter dem Titel: Der moderne Katholizismus vor und nach dem Konzil (Witten 1970) 21–24.

Passivität des Menschen im Rechtfertigungsgeschehen[7]. Ihm folgt zwei Jahre später Hermann Volk – bezeichnenderweise in einem Korreferat zu der schon genannten Untersuchung von Peter Brunner, dem er ein betont skeptisches katholisches Urteil über die Möglichkeit einer Einigung in der Rechtfertigungslehre entgegenhält[8]. Noch einmal wenige Jahre später folgt ihm Yves Congar, der – damit sagt man nicht zuviel – die Unannehmbarkeit der lutherischen Rechtfertigungslehre, nach gründlicher Beschäftigung mit dem damaligen Stand der Lutherforschung, auf Luthers bedenkliche Christologie zurückführt[9]. Der Nerv der Kontroverse ist hier wie auch bei den anderen skeptischen Urteilen die Frage: Ist Gott im Rechtfertigungshandeln am Menschen *allwirksam,* oder ist er *alleinwirksam?* Eine Allwirksamkeit Gottes, die auch das antwortende, zustimmende Mittun des Menschen im Rechtfertigungsgeschehen noch einmal umgreift, ist für einen katholischen Theologen gerade auf dem Boden des Trienter Rechtfertigungsdekretes kein Problem, schon gar nicht, wenn er es mit an Thomas von Aquin geschulten Augen liest. Die Passivität des Menschen aber bis zur Alleinwirksamkeit Gottes vorzutreiben, erscheint dem katholischen Theologen als unvernünftig, unrealistisch und, mit Walter von Loewenich gesprochen, als „abstrakt".

Natürlich fehlt es nicht an evangelischen Stimmen, die sich bemühen, den bleibenden Dissens in der Rechtfertigungslehre auf „tiefere" Gründe zurückzuführen. Repräsentativ ist eine 1951 entstandene Abhandlung von Hanns Rückert über die Rechtfertigungslehre als kontroverstheologisches Problem[10]. Rückert sieht die Gründe für

---

[7] Vgl. *A. Stakemeier,* Das Konzil von Trient über die Heilsgewißheit (Heidelberg 1947).

[8] Vgl. *H. Volk,* Die Lehre von der Rechtfertigung nach den Bekenntnisschriften der evangelisch-lutherischen Kirche, in: E. Schlink/H. Volk (Hg.), aaO (s. Anm. 5) 96–131.

[9] Vgl. *Y. Congar,* Regards et réflexions sur la Christologie de Luther, in: A. Grillmeier/H. Bacht (Hg.), Das Konzil von Chalkedon. Geschichte und Gegenwart (3 Bde. Würzburg 1951/54) III, 457–486; abgedruckt in ders., Chrétiens en Dialogue (Paris 1964) 453–489. Zur Sachproblematik vgl. jetzt *O. H. Pesch,* „Um Christi willen..." Christologie und Rechtfertigungslehre in der katholischen Theologie: Versuch einer Richtigstellung, Catholica 35 (1981) 17–57, bes. 18–30.

[10] Vgl. *H. Rückert,* Die Rechtfertigungslehre als kontroverstheologisches Problem, in: ders., Vorträge und Aufsätze zur historischen Theologie (Tübingen 1972) 295–309, bes. 304–309. Im Vorwort von 1972 relativiert Rückert in fairer Weise sein Urteil im Blick

die Unvereinbarkeit lutherischer und katholischer Rechtfertigungslehre in der (damals) üblichen katholischen Unterscheidung von Natur und Gnade, in der Verdinglichung des Gnadenverständnisses und im Verlust der eschatologischen Dimension der Rechtfertigungslehre. Alle drei Defizite schießen positiv zusammen in der „Verkirchlichung" der Gnade, die das unverfügbare Heilshandeln Gottes unter die Verfügung von Kirche, Amt und Sakramentenverwaltung bringt. Wir werden noch zu zeigen haben, wie sehr gerade dieser „cantus firmus" bis in die Diskussion der Gegenwart weiterklingt.

Dann kam Hans Küng. Sein Buch über die Rechtfertigungslehre bei Karl Barth im Vergleich mit der des Trienter Konzils[11] veränderte schlagartig die Diskussionslage, gründlicher, als der Verfasser sich träumen lassen konnte. „Können wir es doch nicht übersehen, daß in der Rechtfertigungslehre, aufs Ganze gesehen, eine grundsätzliche Übereinstimmung besteht zwischen der Lehre Karl Barths und der Lehre der katholischen Kirche. Was also den behandelten Fragenkreis betrifft, so besteht für Karl Barth kein echter Grund für eine Trennung von der alten Kirche." [12] Das vorsichtig, nämlich hypothetisch unter Voraussetzung der katholischen Rechtgläubigkeit Küngs, zustimmende Vorwort von Karl Barth tut ein übriges, die Sensation vollständig zu machen. Sie war denn auch zu groß, als daß Küng etwa von allen Seiten erleichterte Zustimmung hätte erwarten dürfen. Die evangelische Kritik bleibt meistens Küng gegenüber reserviert, führt aber bei dieser Gelegenheit wie auf einem Nebenschauplatz noch einmal den Streit zwischen lutherischer und reformierter Rechtfertigungslehre. Die innerkatholische Kritik an Küng ist vergleichsweise viel härter und berührt nicht selten jene Grenze, an der Küng die katholische Rechtgläubigkeit bestritten wird[13].

---

auf die gegenüber 1951 neue innerkatholische Diskussionslage, hält aber die 1951 formulierten Urteilskriterien für nach wie vor gültig.

[11] Vgl. *H. Küng,* Rechtfertigung. Die Lehre Karl Barths und eine katholische Besinnung (Einsiedeln 1957, ^{4}1964).

[12] AaO 269.

[13] Verzeichnis wichtiger evangelischer Besprechungen von Küngs Buch bei *Pesch,* Zwanzig Jahre katholischer Lutherforschung (s. Anm. 3) 399 Anm. 39; besonders kritisch, auch unter dem Aspekt der lutherisch-reformierten Differenz, sind *P. Brunner,* Trennt die Rechtfertigungslehre die Konfessionen? Zeitwende 30 (1959) 524–536; *ders.,* Rechtfertigung und Kircheneinheit, aaO 594–608; jetzt in: Pro Ecclesia (s. Anm.

Kein Geringerer als Karl Rahner greift temperamentvoll zugunsten Küngs in die Debatte ein und stellt bei dieser Gelegenheit die später noch öfter wiederholte Frage, ob wir nicht dabei sind, eine Art von Kontroverstheologie zu treiben, bei der die Theologen immer subtilere Gründe erfinden, die Kirchenspaltung doch noch als unaufhebbar zu verteidigen, während das gläubige Bewußtsein gerade auch intelligenter Christen in beiden Konfessionen keinen dieser Gründe mehr einsieht[14]. Küng hat es denn auch nicht schwer, seinen Kritikern zu antworten[15].

2. Im Magnetfeld des Zweiten Vatikanischen Konzils

Man muß immer wieder betonen, daß Küng seine Untersuchung erarbeitete und publizierte ohne die geringste Ahnung vom kommenden Konzil. Die Diskussion um ihn gerät nun freilich schon in die neue Situation, die schon die bloße Ankündigung des Konzils geschaffen hat. Nachweislich geht seit dieser Zeit zumindest durch die katholische Theologie – trotz aller Kritik an Küng – ein optimistischer Grundton, die Rechtfertigungslehre sei nicht länger kirchentrennend. Man kann die Namen und Titel gar nicht alle aufzählen, die hier zu nennen wären. Der durch nichts zu enttäuschende Heinz Schütte schlägt mit seinem damals auch kirchenamtlich beachteten Buch „Um die Wiedervereinigung im Glauben" 1958 jenen optimistischen Grundton an, der weiterklingt bis in seine Plädoyers für eine katholische Anerkennung des Augsburger Bekenntnisses und in den gemeinsam mit Harding Meyer herausgegebenen gemeinsamen lutherisch-katholischen Kommentar zur Confessio Augustana[16]. Heinrich Fries antwortet auf Hans Asmussens Buch „Rom –

---

5) II, 89–112; *E. Schott,* Einig in der Rechtfertigungslehre? Luther-Jahrbuch 26 (1959) 1–24. Die lebhafte *katholische* Diskussion hat *F. Barth* analysiert: Römisch-Katholische Stimmen zu dem Buch von Hans Küng ‚Rechtfertigung', Materialdienst des Konfessionskundl. Institutes (Bensheim) 11 (1960) 81–87.

[14] Vgl. *K. Rahner,* Fragen der Kontroverstheologie über die Rechtfertigung, in: ders., Schriften zur Theologie IV, 237–271 (geschrieben 1958).

[15] Vgl. *H. Küng,* Zur Diskussion um die Rechtfertigung, ThQ 143 (1963) 129–135; vgl. auch *ders.,* Katholische Besinnung auf Luthers Rechtfertigungslehre heute, in: Theologie im Wandel. Festschrift zum 150jährigen Bestehen der katholisch-theologischen Fakultät an der Universität Tübingen 1817–1967 (München 1967) 449–468, bes. 460–468.

[16] Vgl. *H. Schütte,* Um die Wiedervereinigung im Glauben (Essen 1958); *H. Meyer/H. Schütte/H. J. Mund* (Hg.), Katholische Anerkennung des Augsburgischen Bekennt-

Wittenberg – Moskau“[17] und erklärt wenige Jahre später in einem wichtigen Vortrag vor der Katholischen Akademie in Bayern die lutherische Rechtfertigungslehre, bestimmte terminologische Klärungen vorausgesetzt, als für den Katholiken unschwer akzeptierbar, weil sein eigenes Verständnis von der Rechtfertigung der Sache nach dasselbe meine[18]. „Wenn ‚Rechtfertigung durch den Glauben allein‘ besagt, daß der Glaube die Umschreibung für die von der Gnade selbst geschenkte freie Annahme der Gnade durch den Menschen ist, dann ist auch das sola fide ein katholisches Prinzip.“ [19] Thomas Sartory erregt 1961 Aufsehen mit seinem großen Aufsatz „Martin Luther in katholischer Sicht“ und erntet lebhaftes katholisches und evangelisches Echo – dabei ist er keineswegs gegenüber Luther unkritisch[20]. Albert Brandenburg liest Luthers Rechtfertigungslehre, als sei sie ein Stück vergessener eigener katholischer Tradition[21]. Vor allem aber: Der Altmeister der katholischen Lutherforschung, Joseph Lortz, kommt Schritt für Schritt unverkennbar über die 1930/40 in seiner „Reformation in Deutschland“ eingenommenen Positionen hinaus. Dort hatte er Luther als religiöse Persönlichkeit voll und ganz ernst genommen, seine „Einseitigkeiten“ und „Über-

---

nisses? Ein Vorstoß zur Einheit zwischen katholischer und lutherischer Kirche (Frankfurt am Main 1977); *H. Meyer/H. Schütte,* Confessio Augustana. Bekenntnis des einen Glaubens. Gemeinsame Untersuchung lutherischer und katholischer Theologen (Paderborn-Frankfurt am Main 1980).

[17] Vgl. *H. Fries,* Antwort an Asmussen (Stuttgart 1958) bes. 70–95.

[18] Vgl. *H. Fries,* Das Grundanliegen der Theologie Luthers in der Sicht der katholischen Theologie der Gegenwart, in: K. Forster (Hg.), Wandlungen des Lutherbildes (s. Anm. 3) 157–191, bes. 172–179.

[19] *H. Fries,* aaO 174.

[20] Vgl. *Th. Sartory,* Martin Luther in katholischer Sicht. Una Sancta 16 (1961) 38–54; aaO 186–197: Stellungnahme evangelischer und katholischer Theologen dazu. Vgl. auch *H. Asmussen/Th. Sartory,* Gespräch zwischen den Konfessionen (Frankfurt am Main 1959) bes. 94–143. – Thomas Sartory ist in diesem Jahr unerwartet mit 57 Jahren gestorben. Eine einfühlsame Würdigung seiner ökumenischen Pionierleistung siehe jetzt bei *J. Lell,* Abschied vom Sturm und Drang katholischer Ökumene. Zum Tode von Thomas Sartory (1925–1928), Materialdienst (s. Anm. 13) 33 (1982) 61–63.

[21] Vgl. *A. Brandenburg,* Martin Luther gegenwärtig. Katholische Lutherstudien (Paderborn 1969) 17–22 (Thesen zur theologischen Begründung der Rechtfertigungslehre Luthers, geschrieben 1962); 23–36 (Luthers Theologia crucis und die Auffassung von der Pilgernden Kirche, 1967); 37–42 (Solae aures sunt organa Christiani hominis [Luther], 1962) 43–62 (Auf dem Wege zu einem ökumenischen Lutherverständnis, 1965); *ders.,* Gericht und Evangelium. Zur Worttheologie in Luthers erster Psalmenvorlesung (Paderborn 1960).

treibungen“ als verständliche Reaktion auf die unkatholischen Zustände in der damaligen Theologie und die unchristlichen Zustände in der damaligen Kirche erklärt, in der Sache ihn aber vom Vorwurf des „Subjektivismus“ nicht freisprechen können. Diesen Vorwurf hebt Lortz auch jetzt nicht auf, wenngleich er ihn immer weiter differenziert. Was aber schwerer wiegt: Werke und Spitzenthesen Luthers, die er noch 1939 für unannehmbar erklärt hatte, betrachtet er jetzt als in der Sache katholisch. Am deutlichsten wird das bei einem Vergleich zwischen Lortz' Urteil über die Römerbriefvorlesung Luthers von 1515/16 in der „Reformation in Deutschland“ und in einem großen Aufsatz von 1962[22]. Man könnte den Positionswandel bei Lortz etwa so ausdrücken: Vieles, was ihm früher als eindeutig häretisch galt, erscheint jetzt zwar immer noch als gefährlich, riskant, mißverständlich formuliert, aber der sachlichen Intention nach auf katholischem Boden. So konnte auch ich selbst damals, als ich begann, mich in der Diskussion um die Rechtfertigung zu Wort zu melden, mich von einer Grundwelle des Einverständnisses getragen fühlen, von der ich heute nur noch träumen kann[23].

Ist es unverständlich oder ist es eigentlich gar kein Wunder, daß

---

[22] Vgl. *J. Lortz,* Die Reformation in Deutschland (2 Bde., Freiburg i. Br. 1939/40, ⁶1982); *ders.,* Luthers Römerbriefvorlesung. Grundanliegen, TThZ 71 (1962), 129–153; 216–247. Weitere wichtige Äußerungen von Lortz: Die Reformation. Thesen als Handreichung bei ökumenischen Gesprächen (Meitingen 1940, ²1945); Reformation als religiöses Anliegen heute (Trier 1948); Martin Luther. Grundzüge seiner geistigen Struktur, in: E. Iserloh/K. Repgen (Hg.), Reformata Reformanda. Festgabe für H. Jedin (2 Bde., Münster 1965) I, 214–246; Wert und Grenzen der katholischen Kontroverstheologie in der ersten Hälfte des 16. Jahrhunderts, in: A. Franzen (Hg.), Um Reform und Reformation. Zur Frage nach dem Wesen des „Reformatorischen“ bei Martin Luther (Münster 1968) 9–32.

[23] Vgl. *O. H. Pesch,* Ein katholisches Anliegen an evangelische Darstellungen der Theologie Luthers. Catholica 16 (1962) 69–77 (zu A. Peters, Glaube und Werk); Freiheitsbegriff und Freiheitslehre bei Thomas von Aquin und Luther. Catholica 17 (1963) 197–244; Theologie der Rechtfertigung bei Martin Luther und Thomas von Aquin. Versuch eines systematisch-theologischen Dialogs (Mainz 1967); Die Lehre vom „Verdienst“ als Problem für Theologie und Verkündigung, in: L. Scheffczyk/W. Dettloff/R. Heinzmann (Hg.), Wahrheit und Verkündigung. Festschrift für M. Schmaus (2 Bde. München 1967) II, 1865–1907; Existentielle und sapientiale Theologie. Hermeneutische Erwägungen zur systematisch-theologischen Konfrontation zwischen Luther und Thomas von Aquin, ThLZ 92 (1967) 731–742; Gottes Gnadenhandeln als Rechtfertigung und Heiligung des Menschen, in: J. Feiner/M. Löhrer (Hg.), Mysterium Salutis. Grundriß heilsgeschichtlicher Dogmatik, IV/2 (Zürich 1973) 831–913; „Das heißt eine neue Kirche bauen“. Luther und Cajetan in Augsburg, in: M. Seckler u. a. (Hg.),

die evangelische Theologie versucht, die Umarmung nicht über Gebühr herzlich werden zu lassen? Zwar signalisiert sie in der Gestalt von Ulrich Kühn freudige, erwartungsvolle Gesprächsbereitschaft[24]. Aber schon in der Debatte um Hans Küng hatte sich Peter Brunner als einer der schärfsten Kritiker hervorgetan[25]. Jetzt, in der Konzilszeit, mahnt er die ekklesiologischen Implikationen und Konsequenzen der Rechtfertigungslehre an und erhebt sie zum Testfall für erreichten Konsens[26]. Fast zum geflügelten Wort wird seine gewagte, aber seinen früheren Äußerungen keineswegs widersprechende These, eigentlich sei es bei Luther und in der Reformation gar nicht um das Thema der Rechtfertigung des Sünders gegangen, sondern um das wahre Wesen und die wahre Bedeutung der Kirche, deshalb sei auch nicht auf dem Konzil von Trient, sondern erst auf dem Ersten Vatikanischen Konzil die Tür zwischen den Konfessionen „endgültig ins Schloß gefallen"[27]. Peter Brunners Schüler Albrecht Peters, der seit seinem Buch „Glaube und Werk"[28] zum intensiven

---

Begegnung. Beiträge zur einer Hermeneutik des theologischen Gesprächs (= Festschrift für H. Fries) (Graz 1972) 645–661.

Es ist eine grobe Ungerechtigkeit, die Aufzählung weiterer Diskussionsteilnehmer und Diskussionsbeiträge hier willkürlich abzubrechen; es sei jedoch noch hingewiesen auf *St. Pfürtner,* Luther und Thomas im Gespräch. Unser Heil zwischen Gewißheit und Gefährdung (Heidelberg 1961); *E. Iserloh,* Sacramentum et exemplum. Ein augustinisches Thema lutherischer Theologie, in: E. Iserloh/K. Repgen (Hg.), aaO (s. Anm. 22) I, 247–264; *ders.,* Gratia und Donum. Rechtfertigung und Heiligung nach Luthers Schrift „Wider den Löwener Theologen Latomus", in: Studien zur Geschichte und Theologie der Reformation. Festschrift für Ernst Bizer (Neukirchen 1969) 141–156; und in Catholica 24 (1970) 67–83; *P. Manns,* Fides absoluta – fides incarnata. Zur Rechtfertigungslehre Luthers im Großen Galaterkommentar, in: E. Iserloh – K. Repgen (Hg.), aaO I, 265–312; für alle anderen Wortmeldungen sei auf die in Anm. 3 verzeichneten Forschungsberichte verwiesen.

[24] Vgl. *U. Kühn,* Das gegenwärtige Verhältnis zwischen lutherischer und katholischer Lehre von der Rechtfertigung, Amtsblatt der evang.-Luth. Kirche in Thüringen 17 (1964) 29–36; *ders.,* Die Rechtfertigungslehre des Thomas von Aquin in evangelischer Sicht, in: U. Kühn/O. H. Pesch, Rechtfertigung im Gespräch zwischen Thomas und Luther (Berlin [DDR] 1967), 9–36; und *Kühns* bahnbrechende Arbeit: Via caritatis. Theologie des Gesetzes bei Thomas von Aquin (Göttingen 1965).

[25] S. die Hinweise in Anm. 13.

[26] Vgl. *P. Brunner,* Das Geheimnis der Trennung und die Einheit der Kirche, in: K. E. Skydsgaard (Hg.), Konzil und Evangelium (Göttingen 1962) 168–209; *ders.,* Reform – Reformation, Einst – Heute. Elemente eines ökumenischen Dialogs im 450. Gedächtnisjahr von Luthers Ablaßthesen, KuD 13 (1967) 159–183.

[27] AaO 180–183.

[28] Vgl. *A. Peters,* Glaube und Werk. Luthers Rechtfertigungslehre im Lichte der Heiligen Schrift (Berlin – Hamburg 1962, [2]1967).

Gesprächspartner katholischer Theologie wird, erklärt in mehreren Aufsätzen ganz unpolemisch, aber eindeutig, das eschatologische Defizit der katholischen Rechtfertigungslehre als bleibendes Hindernis einer Verständigung[29]. Wilfried Joest spielt fast genüssig die Meinungsunterschiede in der katholischen Theologie gegeneinander aus und fragt, wer denn nun die katholische Rechtfertigungslehre repräsentiere: Mit Michael Schmaus und Hans Küng könne man zwar weithin einiggehen, aber seien diese beiden denn noch „katholisch" im Vergleich mit der gleichzeitig damals vorgelegten Trientauslegung des spanischen Jesuiten Gonzales?[30] Und daß Joests Zurückhaltung allen Anlaß hatte, hat wenige Jahre später August Haslers gründliche Untersuchung zur üblichen Darstellung der Rechtfertigungslehre Luthers und ihrer Abfertigung in den Handbüchern der katholischen Dogmatik bewiesen[31]. Und schließlich schaltet sich Gerhard Ebeling in die Debatte ein. Zwar meidet er damals noch namentlich das Thema „Rechtfertigung". Aber im Umfeld der Rechtfertigungslehre äußert er sich in einer Weise, die an seinem Urteil keinen Zweifel lassen könne: Man lese vor allem seine Ausführungen über „worthafte und sakramentale Existenz" als Grunddifferenz zwischen evangelischem und katholischem Christsein[32], und man wird sich hinsichtlich der Antwort Ebelings auf unsere Ausgangsfrage keinen Illusionen hingeben.

Und wie um allen evangelischen Reserven und Hemmungen recht zu geben, erscheint 1966 das nur scheinbar außenseiterische, in Wahrheit für viele künstlich niedergehaltene Ressentiments reprä-

---

[29] Vgl. die in Anm. 3 verzeichneten Aufsätze; vgl. ferner *ders.*, Zur Predigt der Rechtfertigung in einer sich wandelnden Welt, in: E. Wilkens (Hg.), Helsinki 1963. Beiträge zum theologischen Gespräch des lutherischen Weltbundes (Berlin – Hamburg 1964) 147–178; *ders.*, Das Ringen um die Rechtfertigungsbotschaft in der gegenwärtigen lutherischen Theologie, in: P. Rieger (Hg.), Theologische Strömungen der Gegenwart (Göttingen 1965) 24–44; *ders.*, Systematische Besinnung zu einer Neuinterpretation der reformatorischen Rechtfertigungslehre, in: W. Lohff/Chr. Walther (Hg.), Rechtfertigung im neuzeitlichen Lebenszusammenhang. Studien zur Interpretation der Rechtfertigungslehre (Gütersloh 1974) 107–125; *O. H. Pesch/A. Peters*, Einführung in die Lehre von Gnade und Rechtfertigung (Darmstadt 1981) 119–168; 328–365.

[30] Vgl. *W. Joest*, Die tridentinische Rechtfertigungslehre, KuD 9 (1963) 41–59.

[31] Vgl. *A. Hasler*, Luther in der katholischen Dogmatik. Darstellung seiner Rechtfertigungslehre in den katholischen Dogmatikbüchern (München 1968).

[32] Vgl. *G. Ebeling*, Worthafte und sakramentale Existenz, in: ders., Wort Gottes und Tradition. Studien zu einer Hermeneutik der Konfessionen (Göttingen 1964) 197–216.

sentative Lutherbuch von Paul Hacker unter dem Titel: „Das Ich im Glauben bei Martin Luther“ [33]. In einer polemischen Sprache, wie man sie seit Jahrzehnten nicht mehr gehört hat, beschuldigt Hacker Luther der wissentlichen und willentlichen „Verbiegung“ des Glaubens auf die eigene Subjektivität, der Verweigerung jener bedingungslosen Hingabe an das Handeln Gottes, die die Signatur des wahren Christen sei, der Umfunktionierung der Heilslehre zum subjektiven Trost – und die Konsequenz sei denn auch eine besonders in Luthers Spätwerk nachweisbare „verwirrte Spiritualität“. Die Rechtfertigungslehre nicht mehr kirchentrennend? Wer sollte danach auch nur sinnvoll *fragen* können?

3. Im Jahrzehnt der „nachkonziliaren Restauration“

Die Frage: „Einig in der Rechtfertigungslehre?“, findet auch in der Zeit der viel zitierten nachkonziliaren „Restauration“ auf katholischer Seite meist eine bejahende Antwort – soweit sie überhaupt einer Antwort gewürdigt wird! Denn das plötzliche starke Interesse an der Rechtfertigungslehre im Gefolge von Hans Küng und im Kraftfeld des Zweiten Vatikanischen Konzils erwies sich auf katholischer Seite durchaus als Strohfeuer, das spätestens Ende der 60er Jahre wieder erloschen war. Die Problemschwerpunkte und lebendigen Interessen der katholischen Theologie verlagern sich auf andere Fragenkreise, dabei durchaus auf Probleme der Soteriologie – man denke nur an die vielen neuen Entwürfe zur Christologie im vergangenen Jahrzehnt[34] –, aber nicht auf die klassischen kontroverstheologischen Probleme der Gnaden- und Rechtfertigungslehre. Als dann um die Mitte der 70er Jahre plötzlich und aus noch nicht ganz durchschaubaren Gründen ein neues Interesse an der Gnadenlehre erwacht, läßt es sich zwar nicht vermeiden, aus gegebenem Anlaß auch auf die alten kontroverstheologischen Dollpunkte einzugehen, doch gilt das Interesse ganz anderen Fragen, vor allem der „Welthaf-

---

[33] Vgl. *P. Hacker*, Das Ich im Glauben bei Martin Luther (Graz 1966); vgl. meine Besprechung in: ThRv 64 (1968) 51–56.

[34] Vgl. *A. Schilson/W. Kasper*, Christologie im Präsens. Kritische Sichtung neuer Entwürfe (Freiburg i. Br. 1974, erw. [4]1980); *J. Pfammatter/F. Furger* (Hg.), Theologische Berichte, II: Zur neueren christologischen Diskussion (Zürich 1973); auch *Pesch*, „Um Christi willen …“ (s. Anm. 9) 46–51.

tigkeit“ und „Konkretheit“ der Gnade und der Beziehung zwischen Gnadenerfahrung und Geisterfahrung. So erscheinen denn auch, abgesehen vom historischen Bericht, die Äußerungen zur kontrovers-theologischen Problematik der Rechtfertigungslehre von Walter Kasper bis Ludwig Weimer sowohl in den einschlägigen Abhandlungen als auch in den Forschungsberichten eher als eine Art kontroverstheologischer Flurbereinigung denn als vordringliches Anliegen[35]. „Das Christsein“, schreibt Walter Kasper, „ist durch den Glauben und durch ihn allein definiert. Nimmt man das Wort ‚glauben‘ in diesem alles umfassenden Sinn, dann ist auch ein katholisches ‚sola fide‘ möglich. (Wenn das Trienter Konzil das ‚sola fide‘ verurteilte, so setzt es dabei einen viel engeren Glaubensbegriff voraus.)“[36] So einfach ist das! „Betrachtet man“, formuliert Gisbert Greshake nach einer, gemessen am zur Verfügung stehenden Raum, immerhin angemessen ausführlichen Aufarbeitung der kontroverstheologischen Problemlage, „diese verschiedenen Denkformen reformatorischer und katholischer Theologie, unter denen man offenbar auf die gleiche Sache zielt, so erklären sich die verschiedenen theologischen Aussagen wenigstens ein Stück weit von eben diesen verschiedenen Horizonten her. Das aber kann gerade bedeuten, daß man sich in bezug auf die Sache durchaus nicht unbedingt in unauflösbaren Gegensätzen bewegt[37].“ Andere Theologen, wie z. B. Johann Auer und Leonardo Boff[38], beschränken sich auf ein ganz knappes Referat der jeweiligen reformatorischen Position ohne je-

---

[35] Vgl. *H. Mühlen,* Gnadenlehre, in: H. Vorgrimler/R. van der Gucht (Hg.), Bilanz der Theologie im 20. Jahrhundert (3 Bde. und 1 Erg.-Bd., Freiburg i. Br. 1969/70) III, 148–192; *K. Lehmann,* Heiliger Geist, – Befreiung zum Menschsein – Teilhabe am göttlichen Leben. Tendenzen gegenwärtiger Gnadenlehre, in: W. Kasper (Hg.), Gegenwart des Geistes. Aspekte der Pneumatologie (Freiburg i. Br. 1979) 181–204; *J. Martin-Palma,* Gnadenlehre. Von der Reformation bis zur Gegenwart (= HDG III 5b, Freiburg i. Br. 1980) 170–199; *M. Löhrer/Chr. Schütz/D. Wiederkehr*(Hg.), Mysterium Salutis, Ergänzungsband. Arbeitshilfen und Weiterführungen (Zürich 1981) 355–363 (Chr. Schütz); *Pesch/Peters,* Einführung (s. Anm. 28) 366–394; *L. Weimer,* Die Lust an Gott und seiner Sache oder: Lassen sich Gnade und Freiheit, Glaube und Vernunft, Erlösung und Befreiung vereinbaren? (Freiburg i. Br. 1981).

[36] *W. Kasper,* Einführung in den Glauben. Mainz 1972, 78f.; ganz ähnlich *K. Rahner,* Grundkurs des Glaubens (Freiburg i. Br. 1976, [12]1982) 349f.

[37] *G. Greshake,* Geschenkte Freiheit. Einführung in die Gnadenlehre (Freiburg i. Br. 1977) 80.

[38] Vgl. *J. Auer,* Das Evangelium der Gnade. Die neue Heilsordnung durch die Gnade Christi in seiner Kirche (= *J. Auer/J. Ratzinger,* Kleine Katholische Dogmatik, [Re-

des Interesse an einer vertieften, ökumenisch ausgerichteten Durcharbeitung, wenn man sich nicht, wie z. B. Edward Schillebeeckx[39], zu diesem Thema völlig ausschweigt. Und für Ludwig Weimer ist die reformatorische Lehre (in allen ihren Varianten) ein „Typus" der Verhältnisbestimmung von Gottes und des Menschen Handeln, mit historischem Recht zu seiner Zeit aufgetaucht, aber heute auf größere und tiefere Konzepte hin zu überschreiten[40]. Ist man bösartig, wenn man das katholisch-theologische Grundgefühl dieser Jahre im Blick auf das Thema „Rechtfertigung" dahin zusammenfaßt: Man hat es hinter sich, freundlich würdigend, nicht ohne abgewogene Kritik nach beiden Seiten, aber ohne weitergehendes aktuelles Interesse!?

Um so erbitterter klingen freilich aus dem gleichen Zeitraum evangelisch-lutherische Urteile. Zwar fehlt es nicht an abgewogenen und gesprächsfreudigen Bilanzen, die evangelische Theologen über die katholische Beschäftigung mit Luthers Rechtfertigungslehre anfertigen, Horst-Georg Pöhlmann und Albrecht Peters etwa[41]. Gelegentlich trifft man auf eine Begeisterung, die beschämt, etwa bei Martin Bogdahn[42]. Aber sind diese Stimmen repräsentativ? Mit kirchenversöhnenden Folgen? Wer es gelesen hat, dem klingen viel eher Sätze wie diese nach, die Gottfried Maron im Anschluß an Wilhelm Dantine schon 1969 zu Protokoll gab: „Nach dem letzten Konzil der römischen Kirche ist bei genauem Zusehen die Entscheidung noch eindeutiger als früher von uns gefordert: Kirche oder Rechtfertigung, Einheit oder Wahrheit ... Deshalb wäre auch zu fragen, ‚ob das Luthertum gut beraten wäre, gerade heute in das ökumenische Gespräch mit einem Justifikationsverständnis einzutreten, in wel-

---

gensburg 1970]); *L. Boff,* Erfahrung von Gnade. Entwurf einer Gnadenlehre (Düsseldorf 1978).

[39] Vgl. *E. Schillebeeckx,* Christus und die Christen. Die Geschichte einer neuen Lebenspraxis (Freiburg i. Br. 1977).

[40] Vgl. *L. Weimer,* aaO (s. Anm. 35) 229–238.

[41] Vgl. die in Anm. 3 verzeichneten Arbeiten. Vgl. ferner *W. Beyna,* aaO (s. Anm. 3) 183–214; die freundliche und konstruktiv-kritische Rezension von *A. Peters* zu *O. H. Pesch,* Theologie der Rechtfertigung, in: Luth. Rundschau 18 (1968) 300–306; und die schon allein durch den Titel für den zuletzt genannten nicht wenig schmeichelhaften Ausführungen von *M. Schmidt,* Das römisch-katholische Lutherbild von Ignaz Döllinger bis Otto Hermann Pesch, Ebernburg Hefte 9 (1975) 31–54 (= Blätter für Pfälzische Kirchengeschichte und Religiöse Volkskunde 42, 1975, 193–216).

[42] S. Anm. 3.

chem gerade das opus proprium der lutherischen Lehre, nämlich die Wiederaufnahme der geschichtlich-personal-eschatologischen Struktur des Glaubensdenkens der Bibel, insbesondere des Paulus, mit ontologischen (und wir können hinzufügen: mit ekklesiologischen) Kategorien vermengt würde'."[43] Und Maron – um weitere Stimmen hier zu übergehen – hat vor kurzem denkbar beste Schützenhilfe aus Italien bekommen durch den waldensischen Theologen Vittorio Subilia, der in seinem Buch über die Rechtfertigung aus Glauben die ökumenische Diskussion der letzten Jahrzehnte um die Rechtfertigung kurzerhand als Versuch, „das Unversöhnliche zu versöhnen", abtut[44], ja als absichtsvolle Bemühung, die Rechtfertigungslehre unschädlich zu machen: „Für die Rechtfertigung aus Glauben wäre also der Augenblick gekommen, in Pension zu gehen. Wie man mit einem Mann verfährt, der von einer gefährlichen Dynamik beseelt war, der zu viele Wahrheiten sagte und vielen ein Ärgernis bereitete: Wenn er schließlich die Altersgrenze erreicht hat, sagt man ihm, er habe wertvolle Dienste geleistet, man feiert ihn, verleiht ihm Auszeichnungen, überträgt ihm einen bescheidenen Platz am Rande, wie es einem Alten zukommt, indem man ihn dazu bestimmt, wider Willen unschädlich zu werden."[45]

4. Im Sog des Jubiläumsjahres 1980

Schon 1970 begann mit dem Buch von Vinzenz Pfnür über die Rechtfertigungslehre des Augsburger Bekenntnisses und die seiner katholischen Gegner[46] in der Frage der kirchentrennenden Rechtfertigungslehre ein neuer Weg – soll man sagen: Seitenweg? Soll man sagen: eine Sackgasse? –, der mit den Jubiläumsfeierlichkeiten zur Confessio Augustana und einigen Nachwehen 1980 sein Ende fand.

---

[43] *G. Maron,* Kirche und Rechtfertigung. Eine kontroverstheologische Untersuchung, ausgehend von den Texten des Zweiten Vatikanischen Konzils (Göttingen 1969) 267; vgl. *W. Dantine* in EvTh 23 (1963) 261. Diese und die zweite Studie sind u. a. auch der Versuch einer (Teil-)Antwort an Gottfried Maron.

[44] Vgl. *V. Subilia,* La giustificazione per fede (Brescia 1976); deutsch unter dem Titel: Die Rechtfertigung aus Glauben. Gestalt und Wirkung vom Neuen Testament bis heute (Göttingen 1981); das Zitat in der dt. Übers. 60 Anm. 21.

[45] AaO 104.

[46] Vgl. *V. Pfnür,* Einig in der Rechtfertigungslehre? Die Rechtfertigungslehre der Confessio Augustana (1530) und die Stellungnahme der Katholischen Kontroverstheologen zwischen 1530 und 1535 (Wiesbaden) 1970); *ders.,* Anerkennung der Confessio Augustana? IkaZ 4 (1975) 298–307; 5 (1976) 374–381.

Bekanntlich hat dieses Buch die maßgebende wissenschaftliche Grundlage für die Diskussion um eine mögliche Anerkennung des Augsburger Bekenntnisses durch die katholische Kirche gebildet[47]. Durchsticht man das dichte Gewebe immenser historischer Kleinarbeit, so läuft Pfnürs Buch und die anschließende Debatte, soweit sie ihm folgte, auf eine sozusagen barbarische Forderung hinaus: Laßt Luther fahren und redet – über die Rechtfertigung – mit Melanchthon, denn das ist aussichtsreicher und überdies kirchlich verbindlicher! Kein Wunder, daß auch und gerade die alten „Luther-Sympathisanten" aus den 50er und 60er Jahren wie ein Mann aufstanden, auf „Lutherophobie" erkannten und vor einer „Ökumene auf Kosten Luthers" warnten[48]. Gleichwohl hat die Debatte noch einmal zu einem – letzten? – Kraftakt in dem Bemühen geführt, die kirchentrennende Bedeutung der Rechtfertigungslehre aus der Welt zu schaffen. Gemeint ist der von Harding Meyer und Heinz Schütte herausgegebene gemeinsame lutherisch-katholische Kommentar zum Augsburger Bekenntnis, ein Unternehmen, an dem die Crème

---

[47] Bilanzen der Diskussion und der schon unübersehbaren Literatur: *H. Grote,* Die Augustana-Debatte und die Wiedergewinnung einer Bekenntnisschrift. Materialdienst des konfessionskundl. Institutes 29 (1978) 26–34; *ders.,* Das Augsburger Bekenntnis, seine Neuaneignung und Verlebendigung mit Hilfe jüngster Veröffentlichungen, aaO 31 (1980) 46–53; *J. Lell,* Die Confessio Augustana von 1530 im Jubiläumsjahr 1980. Eine Bilanz in ökumenischer Sicht, in: Jahrbuch des Evangelischen Bundes (1981) 80–96; *E. Iserloh,* 450 Jahre Confessio Augustana. Eine Bilanz. Catholica 35 (1981) 1–16; *E. Koch/L. Ullrich/U. Kühn,* Der wissenschaftliche Ertrag des Confessio-Augustana-Gedenkjahres 1980, ThLZ 106 (1981) 706–732; vgl. auch *W. Kasper,* Das Augsburger Bekenntnis im evangelisch-katholischen Gespräch, in: B. Lohse/O. H. Pesch (Hg.), Das „Augsburger Bekenntnis" von 1530 – damals und heute (München-Mainz 1980) 164–180, abgedruckt (unverständlicherweise ohne Nennung von Anlaß und Zusammenhang, nämlich Gastvorlesung im Rahmen der Hamburger Ringvorlesung) ThQ 160 (1980) 82–95.

[48] Vgl. *P. Manns,* Zum Vorhaben einer „katholischen Anerkennung der Confessio Augustana": Ökumene auf Kosten Martin Luthers? ÖkRu 26 (1977) 426–450; *ders.,* Das Luther-Jubiläum 1983 als ökumenische Aufgabe, aaO 30 (1981) 290–313; *J. Brosseder,* Die Anerkennung der Katholizität der Confessio Augustana und ihre ekklesiologischen Implikationen. Historische und fundamentaltheologische Probleme, in: F. Mildenberger/J. Track (Hg.), Zugang zur Theologie. Fundamentaltheologische Beiträge, Wilfried Joest zum 65. Geburtstag (Göttingen 1979) 173–190. Weil ich sachlich den Positionen von P. Manns und J. Brosseder zuneige und kirchenpolitisch das Anerkennungsprojekt immer für eine Totgeburt gehalten habe, habe ich mich an der Diskussion nur am Rande beteiligt; vgl. *O. H. Pesch,* Rechtfertigung des Sünders und Gerechtigkeit in der Welt. Im Licht und Schatten des Augsburger Bekenntnisses, in: B. Lohse/O. H. Pesch (Hg.), aaO 215–236.

der Fachleute beider Kirchen mitgearbeitet hat[49]. Wer sich auf so etwas einläßt, verdammt sich fast selbst zum Konsens. Und so haben die Autorengespanne von Sachkomplex zu Sachkomplex noch Fragen aneinander, auch Gerhard Müller und Vinzenz Pfnür in der Rechtfertigungslehre[50], doch überwiegt das gegenseitige Eingeständnis von Sehbehinderungen, und alles ist darauf eingestimmt, die Konsensmöglichkeiten sozusagen bis zum Äußersten auszureizen, wobei auch der Preis massiver Kritik an Repräsentanten des eigenen Lagers gern bezahlt wird. Ironischerweise sind denn auch die noch unausgestandenen Spannungen am stärksten nicht im Bereich der Rechtfertigungslehre und der unmittelbar angrenzenden Themen, nicht einmal beim Bischofsamt, sondern in den (scheinbar?) marginalen Bereichen wie Heiligenverehrung, Mönchtum, Beichte. Im Sog dieses Ereignisses hat es dann noch weitere katholische Konsenserklärungen gegeben, nicht zuletzt im Problemkreis des Sakramentsverständnisses, das völlig sachgemäß von beiden Seiten immer wieder als Testfall für einen Konsens in der Rechtfertigungslehre herangezogen wird. Es muß daher unmittelbar auf die Beurteilung der Rechtfertigungskontroverse zurückwirken, wenn etwa Wolfgang Schwab in der wichtigen Frage nach Sakrament und Glaube auf beiderseitige terminologische und begriffliche Fehlverständnisse und sachlichen Konsens zwischen Luther und der katholischen Lehre – der traditionellen, nicht etwa der heutigen! – erkennt und Hans Jorissen die katholische Annehmbarkeit der Bußlehre des Augsburger Bekenntnisses behauptet[51].

Man wird dennoch all dieser Anstrengungen nur halb froh. Hat sich hier nicht ein interessierter Teil der katholischen Theologie sozusagen mit dem „rechten Flügel" des Luthertums verbündet? Was selbst auf dem hohen Level wissenschaftlichen Anspruchs auf katholischer Seite nach wie vor möglich ist, beweist einerseits die nur wenige Wochen nach den Augsburger Jubiläumsfeiern erschienene und mit vielen früheren Äußerungen im Einklang befindliche Lutherdarstellung von Remigius Bäumer und anderseits das bizarre Lutherbuch von Theobald Beer, dessen stark veränderte zweite Auf-

---

[49] S. Anm. 16. [50] AaO 106–138, bes. 135ff.

[51] Vgl. *W. Schwab,* Entwicklung und Gestalt der Sakramententheologie bei Martin Luther (Frankfurt – Bern 1977); *H. Jorissen,* Die Bußtheologie der Confessio Augustana. Ihre Voraussetzungen und Implikationen, Catholica 35 (1981) 58–89.

lage seit einem Jahr mit großem Aufwand von interessierter Seite unübersehbar gemacht wird[52]. Auf der Gegenseite schließt Gerhard Müller sein „Studienbuch" über die Rechtfertigungslehre mit den im Zusammenhang eher skeptisch gemeinten Sätzen: „Diese Lehre muß nicht kirchentrennend sein. Daß aber keine wichtigen Differenzen zwischen den verschiedenen Interpretationen vorlägen, kann nicht behauptet werden. Ein unaufgebbares evangelisches Erbe liegt darin, auf das erbarmende Handeln Gottes an dem hinzuweisen, der darauf ganz und gar angewiesen ist: der Mensch."[53] Und im gemeinsamen CA-Kommentar hat Gerhard Müller mit für Sätze gesorgt wie diese: „Die römische Kirche absorbiert und integriert von ihrer Struktur her eher eine absolut gemeinte Aussage über die Rechtfertigung als die vergleichsweise kleine lutherische Kirche. Auch ist im Katholizismus der Rechtfertigungsbotschaft bisher nicht jene zentrale Position eingeräumt worden, die sie im traditionellen Protestantismus besitzt."[54] Womit für den Kenner der Sachlage eigentlich

---

[52] Vgl. *R. Bäumer,* Das Zeitalter der Glaubensspaltung, in: B. Kötting (Hg.), Kleine deutsche Kirchengeschichte (Freiburg i. Br. 1980) 53–79, bes. 56–68; zum Vergleich empfiehlt sich die von *R. Bäumer* geschriebene und mit rückfragenden Anmerkungen von *B. Moeller* versehene Darstellung der Reformation in: R. Kottje/B. Moeller (Hg.), Ökumenische Kirchengeschichte, II, Mittelalter und Reformation (München-Mainz ²1978) 277–327, bes. 284–321; das Urteil Bäumers ist dasselbe, wirkt nur konziliianter durch die größere Ausführlichkeit der Darstellung und, dadurch bedingt, durch die stärkere „Verteilung" der Vorwürfe an die Adresse Luthers. Von den anderen Arbeiten Bäumers sind hier vor allem zu vermerken: Der junge Luther und der Papst, Catholica 23 (1969) 392–420; vgl. aaO 24 (1970) 218–223 (Bäumers Antwort an F. Kantzenbach); Martin Luther und der Papst (Münster 1970, erw. ³1982; *ders.,* (Hg.), Lutherprozeß und Lutherbann. Vorgeschichte, Ergebnis, Nachwirkung (Münster 1972); Johannes Cochläus (1479–1552). Leben und Werk im Dienst der katholischen Reform (Münster 1980). – Vgl. ferner *Th. Beer,* Der fröhliche Wechsel und Streit. Grundzüge der Theologie Martin Luthers (Leipzig 1974, stark verändert und erweitert Einsiedeln ²1980). – Zu Bäumer und Beer vgl. die kritischen Hinweise bei *P. Manns,* Das Lutherjubiläum (s. Anm. 48) 295–298; *ders.,* „Katholische Lutherforschung in der Krise"?, in: P. Manns (Hg.), Zur Lage der Lutherforschung (Wiesbaden 1982) 90–128, hier: 110–127; *W. Löser,* in: ThPh 56 (1982) 565–773; Pesch, „Ketzerfürst" und „Vater im Glauben" (s. Anm. 3) 137–139; 143–146; *ders.,* Hinführung zu Luther (Mainz 1982) 287 f., und *E. Iserloh,* Der fröhliche Wechsel und Streit, Catholica 37 (1982) 101–114.

[53] *G. Müller,* Die Rechtfertigungslehre. Geschichte und Probleme (Gütersloh 1977) 116. – Zur unvermeidlichen Kritik an Müllers Buch vgl. aber *Pesch/Peters,* Einführung (s. Anm. 29) 56 f., Anm. 3.

[54] Vgl. *Meyer/Schütte,* Confessio Augustana (s. Anm. 16) 137. Dies sieht auch ganz deutlich *S. Pfürtner,* Wie weit reicht der Konsens in der Rechtfertigungslehre?, Orientierung 45 (1981) 95–98, bes. 97.

alles „gelaufen" ist. Eine Rechtfertigungslehre, die nicht der „Artikel, mit dem die Kirche steht und fällt", ist, ist nicht die lutherische, ein Konsens darüber ist folglich kein lutherisch-katholischer Konsens. Und so geht denn, was nicht zum „rechten Flügel" dieses Luthertums gehört, ungerührt die bisherigen Wege weiter. So hat Gerhard Ebeling schon 1975 erklärt, an der lutherischen Definition des Menschen als „homo fide justificandus" (der Mensch, der durch den Glauben gerechtfertigt werden muß) scheide sich mit „äußerste(r) Trennschärfe" katholisches und reformatorisches Menschen- und Wirklichkeitsverständnis[55]. Und 1979, im III. Band seiner Dogmatik, fügt er dem mit bei ihm seltener Direktheit hinzu, da dieses Wirklichkeitsverständnis das katholische Verständnis von Kirche und Sakrament voll und ganz beherrsche, sei eine Kirchengemeinschaft mit der römischen Kirche nicht möglich[56]. Und in einer kontroverstheologischen Bilanz zum Jubiläum des Augsburger Bekenntnisses rückt Joachim Lell, repräsentativ für den Kreis um das Konfessionskundliche Institut des Evangelischen Bundes in Bensheim, die Rechtfertigungslehre als kritischen Differenzpunkt in die Mitte der zwischenkirchlichen Probleme, als wäre es eine ganz neue Entdeckung[57].

III. Übungen in kontroverstheologischer Harmonielehre

1. Eine Zwischenfrage

Das kontroverstheologische Stimmengewirr ist also vollständig. Es fügt sich auch keineswegs zum konsonanten Akkord nach den Regeln der klassischen Harmonielehre, vielmehr zum Cluster im Stil einer ultramodernen Komposition. Ohne Bild geredet, das Fazit aus unserem kontroverstheologischen Durchgang – und wir haben nur ausgewählte Stimmen zu Gehör gebracht! – kann nur lauten: Wir

---

[55] Vgl. *G. Ebeling,* Das Leben – Fragment und Vollendung. Luthers Auffassung vom Menschen im Verhältnis zu Scholastik und Renaissance, ZThK 72 (1975) 310–334, bes. 324ff.; vgl. *ders.,* Disputatio de homine (= Lutherstudien II), 1. Teil (Tübingen 1977); 2. Teil (1982).

[56] Vgl. *G. Ebeling,* Dogmatik des christlichen Glaubens (3 Bde., Tübingen 1979) III, 315.

[57] Vgl. *Lell,* aaO (s. Anm. 47) 96.

sind uns in der Rechtfertigungslehre *nicht* einig. Zu fragen bleibt: Sind wir uns *kirchentrennend* uneinig? Welche ekklesiologische Qualität muß dem kontroverstheologischen Stimmengewirr zuerkannt werden? Die Frage ist ernster, als sie sich auf Anhieb anhört. Denn wenn soviel geballter Geist sich darüber nicht einig zu werden vermag, was es bedeutet, daß wir durch Gottes Macht allein um Christi willen im Glauben an das uns zugesprochene Wort der Vergebung vor Gott bestehen können, dann wird man auf den Einklang der Theologen noch eine gute Weile warten müssen. Kann, muß, darf die Einheit der Kirche so lange warten? Unsere Frage präzisiert sich also so: „Die Rechtfertigungslehre – trotz des ‚mit äußerster Trennschärfe' geführten Streites der Theologen nicht mehr kirchentrennend?" Ist die Kircheneinheit von der Frage nach dem theologischen Verständnis der Rechtfertigung des Sünders abzukoppeln? Ist dies wenigstens möglich, wenn bestimmte Bedingungen erfüllt sind, wobei dann der Streit um vertiefte Interpretation unter den Theologen ruhig weitergehen könnte? Man könnte übrigens genau so gut umgekehrt fragen: Sind nicht ganz bestimmte ekklesiologische Konsequenzen ihrerseits eine Bedingung dafür, daß von Einklang in der Rechtfertigungslehre gesprochen werden kann? Ist ein behaupteter Einklang in der Rechtfertigungslehre nicht gerade dadurch als Illusion entlarvt, daß womöglich diejenigen, die ihn annehmen, die Notwendigkeit ekklesiologischer Konsequenzen nicht sehen?

Hier entsteht nun freilich eine Zwischenfrage: Wer entscheidet denn darüber, ob ein bestimmter Konsens in der Rechtfertigungslehre für die Aufhebung der Kirchentrennung ausreicht oder nicht? Wer unterscheidet, welche Konsequenzen für Strukturen und Lebensformen der Kirche zu ziehen sind, wenn ein Konsens in der Rechtfertigungslehre nicht am Ende als Selbsttäuschung dastehen soll? Fraglos entscheiden das nicht die Theologen. Ob aus getrennten Kirchen eine Kirche wird, entscheiden die Kirchen selbst. Freilich sind auch die, die schließlich das Einigungswerk durchführen und die Kirchenglieder von seiner Notwendigkeit und Unausweichlichkeit überzeugen müssen, die Amtsträger der Kirchen also, selber Theologen und von eben jenen Theologen ausgebildet und/oder beraten, die miteinander, wie geschildert, so heillos im Streit liegen. Kirche und Theologie, sowenig sie einfach identisch sind, fahren also nicht auf getrennten Schienen. Das Votum der Theologen geht

maßgebend in den Klärungsprozeß der Kirchen ein. Ihre Vorschläge wie ihre Ablehnung von Vorschlägen, ihre Verstehensangebote wie ihre Begriffsstutzigkeiten, die aufgehellten Mißverständnisse wie die neuzementierten Klischees, ihr Harmoniebedürfnis wie das Pathos scharfer Abgrenzung, ihre Friedensbereitschaft im Streit um die Worte wie ihre Verfolgung der Unterschiede bis in die „äußerste Tiefe", all das geht in den Versuch einer Antwort der Kirchen auf die Frage ein, ob die Rechtfertigungslehre noch kirchentrennend sei. Und die *Kirchen* zögern, weil die vernommenen Antworten heutiger *Kontroverstheologie* nicht spontane, ungeschützte Vermutungen sind, sondern Urteile am Ende einer differenzierten Argumentation, die sich genau auf unsere Frage einläßt: Ob nämlich die Kontroverse um die Rechtfertigungslehre von der Frage nach der Kirche abtrennbar sei. Keiner unserer Theologen will den Toncluster. Alle bemühen sich um Regeln kontroverstheologischer Harmonie – gleichviel, ob das Ergebnis ein Dur- oder Moll-Akkord ist. Nur gehen die Wege solcher Bemühungen wiederum auseinander, so daß alle gefundenen Akkorde denn doch wieder zum Cluster zusammenprasseln. Das ist nun, wenigstens paradigmatisch, zu analysieren.

2. Kontrapunktische Argumentationslinien

Die gehörten Stimmen aus der theologischen Debatte lassen sich recht mühelos fünf unterschiedlichen Ansätzen zuordnen, bei deren Auswertung sich, ggf. quer durch die Konfessionen, jeweils positive oder negative Endurteile ergeben können. Versuchen wir, das jeweils an einigen der ins Gespräch gezogenen Theologen, stellvertretend für die anderen, zu veranschaulichen.

a) Der historische Ansatz

Man versucht dann, an Luthers reformatorischer „Entdeckung" anzuknüpfen, die ja nach zahllosen eigenen Aussagen Luthers die Frage nach der Gerechtigkeit des Sünders vor Gott zum Inhalt hatte. Je nachdem, wann man den Zeitpunkt dieser Entdeckung ansetzt, in welchem Werk Luthers man sie zum ersten Male ausgesprochen sieht, was man als ihren *genauen* Inhalt ansieht, ergibt sich dann das Urteil. Der katholische Kirchenhistoriker Erwin Iserloh etwa –

ebenso wie sein Lehrer Joseph Lortz in seinen späten Arbeiten – vertritt die Auffassung, die „Entdeckung“ habe spätestens im Herbst 1514 stattgefunden, sie dokumentiere sich klar in Luthers Römerbriefvorlesung von 1515/16 und beinhalte, die „Gerechtigkeit Gottes“ in dem berühmten Verspaar Röm 1,16f. meine nicht die strafende Gerechtigkeit Gottes, sondern die, durch die er uns beschenkt[58]. Das ist natürlich nicht kirchentrennend, sondern, wie man inzwischen weiß, spätestens seit Augustinus nahezu einhellige theologische Tradition, von Luther wiederentdeckt, wobei es nur rätselhaft bleibt, wieso dies Luther vorher so verborgen geblieben war, daß Luther die „Entdeckung“ überhaupt als „Entdeckung“ empfand. Erst später, zumindest seit 1520, hat Luther dann in der Frage nach Kirche, Amt und Sakrament Positionen bezogen, die ihn von der Kirche trennten und die, was entscheidend ist, nicht zwingend aus seiner Entdeckung der „Gerechtigkeit Gottes“ folgten. Fazit: Die Rechtfertigungslehre ist nicht kirchentrennend – aber andere Lehren Luthers sind es, und zwar bis heute.

Nun kann man schon zu einem ganz entgegengesetzten Urteil selbst dann kommen, wenn man hinsichtlich des Datums der reformatorischen Entdeckung mit Iserloh einer Meinung ist. Das beweist der lutherische Kirchenhistoriker Bernhard Lohse[59]. Man muß dann nur einsehen, daß die Entdeckung der Gerechtigkeit Gottes Punkt für Punkt und sozusagen jeweils beim nächsten sich bietenden Anlaß Luthers gesamtes theologisches Denken umprägt. Die Rechtfertigungslehre ist von Anfang an nicht eine Sonderlehre unter anderen, sondern die ausstrahlende Mitte von Luthers Theologie. Die Rechtfertigungslehre muß dann in dem Maße kirchentrennend sein, als ihr nicht erlaubt wird, „der Meister und Fürst, Herr, Lenker und Richter über alle Arten von Lehre“ zu sein, ohne die „die Welt durch und durch Tod und Finsternis“ ist[60]. Dies gilt natürlich erst recht,

---

[58] Vgl. *E. Iserloh,* Ist das „Reformatorische“ bei Luther kirchentrennend?, in: *H. F. Geißer* u. a., aaO (s. Anm. 3) 73–92; und schon *ders.,* Geschichte und Theologie der Reformation im Grundriß (Paderborn 1980) 24–40; übrigens genau so auch R. Bäumer, in: Ökumenische Kirchengeschichte (s. Anm. 52) II, 291; und in: Kleine deutsche Kirchengeschichte, 57; zu Lortz vgl. w. o. S. 22 mit Anm. 22.

[59] Vgl. *B. Lohse,* Die Bedeutung Augustins für den jungen Luther, KuD 11 (1965) 116–135; und jetzt *ders.,* Martin Luther. Eine Einführung in sein Leben und sein Werk (München [2]1982) 157–160.

[60] WA 39 I, 205, 2 (Disputation, 1537).

wenn man die Meinung vertritt, die „reformatorische Entdeckung“ habe erst im Zusammenhang mit dem beginnenden Konflikt mit der Kirche, im Frühjahr 1518 stattgefunden, und ihr Inhalt sei auch nicht etwa nur eine exegetische Erkenntnis zu Röm 1,16f., sondern die – so oder so ausgedrückte – Einsicht in die befreiende Unverfügbarkeit des Sünders von Wort und Glaube, die beseligende Unmittelbarkeit des Sünders zu dem gnädigen Gott und darum die grundsätzliche Grenze der Kirche vor der Geschichte des einzelnen Gewissens mit Gott[61]. So gesehen, muß schon der historische Ansatz zu dem Urteil führen, daß Kircheneinheit und Rechtfertigungslehre untrennbar sind. Ganz bestimmte Auffassungen von der Kirche und ganz bestimmte Handlungsweisen der Kirche sind auf dem Boden einer so verstandenen lutherischen Rechtfertigungslehre unvollziehbar. Und in genau diesem Sinne hat die sog. „Spätdatierung“ unter den Lutherforschern nicht wenige Anhänger.

b) Der theologisch-anthropologische Ansatz

Hier geht man von der „klassischen“ Voraussetzung aus, daß die reformatorische Rechtfertigungslehre zuerst und vor allem gegen alle Ideen und Praktiken einer „Werkgerechtigkeit“, einer Gerechtigkeit vor Gott durch eigene (ethische) Leistung gerichtet sei. Wenn man nun nachweisen könnte, daß solche „Werkerei“ zwar bedauerliches theologisches Mißverständnis und noch mehr beklagenswerter praktischer Mißbrauch, nie aber wirkliche und verbindliche kirchliche Lehre gewesen ist, dann könnte doch die Rechtfertigungslehre nicht weiter kirchentrennend sein, ja noch mehr: Dann müßte man Luther dankbar dafür sein, daß er die Kirche von einem gefährlichen Irrweg zurückgerufen hat. Freilich: „Er rang (dabei) in sich selbst einen Katholizismus nieder, der nicht katholisch war“ [62], und der Preis war hoch, zu hoch. Doch heute, aus dem geschichtlichen Abstand, brau-

---

[61] Zu der nicht enden wollenden Diskussion um Luthers reformatorischen Durchbruch vgl. *B. Lohse* (Hg.), Der Durchbruch der reformatorischen Erkenntnis bei Luther (= Wege der Forschung 123) (Darmstadt 1968); darin die Bilanz der jüngeren Diskussion von *O. H. Pesch,* Zur Frage nach Luthers reformatorischer Wende. Ergebnisse und Probleme der Diskussion um Ernst Bizer, Fides ex auditu, aaO 445–505; spätere Wortmeldungen sind verzeichnet bei *Lohse,* Martin Luther (s. Anm. 59) 205; zu ergänzen ist inzwischen *W. Schwab,* aaO (s. Anm. 51) 77–144; und *M. Brecht,* Martin Luther. Sein Weg zur Reformation 1483–1521 (Stuttgart 1981) 173–230.

[62] *J. Lortz,* Die Reformation in Deutschland (s. Anm. 22) I, 176.

chen wir keine Hemmungen mehr zu haben zuzugeben, daß am unumkehrbaren Grund-Folge-Verhältnis von Gnade und Werk, von Glaube und Liebe kein Zweifel bestehen darf und nie hätte aufkommen dürfen. So denken etwa Hans Küng und, ihn verteidigend, Karl Rahner[63]. So hat es aber auch schon, nicht ohne Ironie, der weise alte Lutherforscher Karl August Meissinger formuliert[64], und Ulrich Kühn hat im Blick auf die gegenwärtige Weltlage die Bedeutung der Liebe als des einzig tragfähigen Glaubenszeugnisses in geradezu „katholischen" Formulierungen unterstrichen[65]. Sind wir uns also nicht einig in der Rechtfertigungslehre – auch wenn wir über die Kirche noch streiten?

Und doch kann der gleiche Ausgangspunkt zum völlig gegenteiligen Ergebnis führen. Es ist, hören wir dann, gerade *nicht* „reformatorisch", den Glauben als „Kraft zur Liebe" zu verstehen. Erwägt nur genau genug, werden wir aufgefordert, was „glauben" heißt, nämlich „außerhalb von sich selbst", extra se existieren, den Grund seines Seins außerhalb von sich selbst haben. Alles, auch und gerade unsere Liebe, ist außerhalb von uns und bleibt außerhalb von uns, uns zu eigen nur im Wort, das uns zugesprochen und eben deshalb nie zu unserem eigenen Wort wird. Wer arglos meint, mit einer neuen Klarstellung des Grund-Folge-Verhältnisses von Glaube und Werk seien die Schwierigkeiten aus der Welt geschafft, hat nichts von dem begriffen, was die Reformation, insonderheit Luther, mit „Glauben" meinen und was das für das Kirchenverständnis bedeutet. Fast überflüssig zu bemerken, daß wir mit solchen Einwänden Gerhard Ebeling beschwören[66].

c) Der christologische Ansatz

Die Rechtfertigungslehre ist nichts als die formelhafte Zusammenfassung der Christusverkündigung, lautet eine wohlbegründete These lutherischer Theologie[67]. Allein deswegen kann sie ja auch

---

[63] Vgl. w. o. Anm. 11 und 14; vgl. bes. bei *Küng,* Rechtfertigung, 243–266; bei *Rahner,* 248–256.

[64] Vgl. *K. A. Meissinger,* Der katholische Luther (München 1952) 101–103.

[65] Vgl. *U. Kühn* in: Neues Glaubensbuch. Der gemeinsame christliche Glaube, hg. von J. Feiner und L. Vischer (Freiburg i. Br. 1973, [16]1980) 560–570.

[66] Vgl. *G. Ebeling,* Luther. Einführung in sein Denken (Tübingen 1964) 157–197; und w. o. Anm. 55f.

[67] Vgl. *E. Wolf,* Die Rechtfertigungslehre als Mitte und Grenze reformatorischer

„Mitte und Grenze" reformatorischer Theologie sein. Man meint mit solchem Urteil gerade auch die katholische Theologie zu treffen, der man vorwirft, die Rechtfertigungslehre nur als eine Lehre unter anderen und zudem abgekoppelt von der Christologie zu behandeln. Nun, wenn das je wahr gewesen sein sollte, die katholische Theologie der Gegenwart fühlt sich von diesem Vorwurf nicht mehr getroffen, im Gegenteil, darin, daß die Rechtfertigungslehre nichts anderes als die „formelhafte Zusammenfassung der Christusverkündigung" ist, besteht sogar formaler Konsens mit der lutherischen Theologie. Wird man dann aber nicht sagen dürfen, daß die intensive christologische Reflexion in der katholischen Theologie der Gegenwart authentische Neuverantwortung der Rechtfertigungslehre ist – womöglich authentischer als eine lutherische Theologie, die über die Formeln aus dem 16. Jahrhundert nicht hinauskommt? Ist es, so verstanden, überhaupt richtig, daß die Rechtfertigungslehre in der katholischen Theologie der Gegenwart kein Interesse findet? Ist nicht das gerade Gegenteil der Fall, und zwar mit einender Wirkung für die Kirchen, sofern die Fragen der Christusverkündigung schon lange nicht mehr „konfessionsspezifisch" zu beantworten sind?

Aber nein, erklären gewichtige lutherische Stimmen, man muß nur genau genug hinsehen, dann entdeckt man, daß der deutlichste Zug dieser modernen katholischen Christologie, nämlich die antimonophysitische Betonung der unverkürzten Menschheit und Menschlichkeit Jesu heimlich wieder dem Selbstaufbau des Menschen vor Gott dient. Jesus, das „Urbild" des Menschen vor Gott, gewiß in radikal abhängigem Selbststand, aber doch im Selbststand – das gerade Gegenteil einer reformatorischen Christusverkündigung, die Christus ausschließlich als die Gabe Gottes an die Sünder in Person versteht und darum unter dem Zeichen des „sola fide" steht. Zudem haben bekanntlich einige dieser „Christologen" bereits ihre z. T. noch nicht ausgestandenen Konflikte mit dem römi-

---

Theologie, in: ders., Peregrinatio, II: Studien zur reformatorischen Theologie, zum Kirchenrecht und zur Sozialethik (München 1965) 11–21 (geschrieben 1949); *ders.*, Sola gratia? Erwägungen zu einer kontroverstheologischen Formel, in: ders., Peregrinatio, I: Studien zur reformatorischen Theologie und zum Kirchenproblem (München ²1962) 113–134 (geschrieben 1949); und schon *ders.*, Die Christusverkündigung bei Luther, in: Peregrinatio, I, 30–80 (geschrieben 1936). Zum Folgenden vgl. *Pesch*, „Um Christi willen..." (s. Anm. 9) bes. 17–30; 44–52.

schen Lehramt gehabt. Wie sollte also eine gerade im Kontext der Christologie formulierte Rechtfertigungslehre einen Weg zur Einheit der Kirche ebnen?

d) Der ekklesiologische Ansatz

Der christologische Ansatz geht unmittelbar in einen ekklesiologischen über und erschwert damit zusätzlich den Versuch, auf dem Boden der Christologie die Rechtfertigungslehre als nicht mehr kirchentrennend zu erweisen. Und zwar dadurch, daß die „neue" Christologie, mit einem frühen Buchtitel von Edward Schillebeeckx zu sprechen, „Christus als Sakrament der Gottbegegnung" versteht[68]. Hinter dem Wort „Sakrament" stehen die ganzen modernen Entdekkungen zur Sakramententheologie, auf die hier nicht eingegangen werden kann, die aber nach Meinung ihrer Vertreter wesentlich jene Engführungen und Verdinglichungen aufgebrochen haben, die einst den Reformatoren Anlaß zum Protest wurden[69]. Jedenfalls gehört zu diesem Sakramentsverständnis der persönliche Glaubensvollzug konstitutiv dazu. Die geschichtliche „Ausbreitung" dieses „Ursakramentes" Christus ist nun die Kirche, und diese Wesensbestimmung der Kirche als „Wurzelsakrament" oder „Grundsakrament" ist, neben dem Begriff des „Volkes Gottes", wesentlich geworden für die Ekklesiologie des Zweiten Vatikanischen Konzils[70]. Damit kann doch, so meint man, die Rechtfertigungslehre nicht mehr kirchentrennend sein. Die Kirche ist doch nichts als der Ort, wo der Zuspruch der Rechtfertigung konkret hörbar, greifbar, leibhaftig wird. Sie erspart den persönlichen Glauben so wenig wie eines der Einzelsakramente, sie fordert ihn vielmehr heraus – den Glauben *allein,* denn was sonst könnte in der Kirche das mir zugesagte Heilswort überhaupt vernehmen?[71]

Doch wiederum muß der katholische Optimist erfahren, daß er zu

---

[68] Vgl. *E. Schillebeeckx,* Christus – Sakrament der Gottbegegnung (Mainz 1960) ^{2}1965.

[69] Vgl. *O. H. Pesch,* Das katholische Sakramentsverständnis im Urteil gegenwärtiger evangelischer Theologie, in: E. Jüngel u.a. (Hg.), Verifikationen. Festschrift für Gerhard Ebeling (Tübingen 1982) 317–340.

[70] Vgl. Konstitution über die Kirche, Nr. 1 u.ö.

[71] Vgl. *Pesch,* Gottes Gnadenhandeln (s. Anm. 23) 865–871. Als umfassenden Entwurf einer Rechtfertigungslehre auf der Grundlage des ekklesiologischen Ansatzes darf man auch das neue Werk von L. Weimer (s. Anm. 35) verstehen.

arglos war. Eben die These von der Kirche als „Grundsakrament" gilt evangelischen Kritikern wie Gottfried Maron, um nur den schärfsten zu nennen, als jener Schlußstein katholischer Ekklesiologie, mit dem diese endgültig zur „vereinnahmenden Ekklesiologie" wird, die Kirche sich dem Einzelnen vorordnet und sein unmittelbares Gottesverhältnis unterbricht – ein *wirkliches* „sola fide" also unmöglich macht und durch die Idee von der „Teilhabe an der Kirche" ersetzt[72]. Wo also der katholische Theologe den Zusammenhang von Rechtfertigungslehre und Kircheneinheit als prinzipiell geklärt ansieht und für den Rest nur noch geduldig praktisch-ekklesiologische Konsequenzen anzumahnen sich genötigt fühlt, sieht der lutherische Theologe eben deswegen die Alternative zementiert: „Kirche *oder* Rechtfertigung".

e) Der „kirchenpolitische" Ansatz

Unter diesen Voraussetzungen erklärt es sich dann mühelos, daß so gesonnene lutherische Theologen dem kirchenpolitischen Ansatz auf dem Weg über eine katholische Anerkennung des Augsburger Bekenntnisses erst gar keine Aufmerksamkeit mehr schenken. Dieser Ansatz scheint in der Tat auf den ersten Blick ein verführerischer Weg. Nicht nur, daß die Rechtfertigungslehre der CA selbst nach Meinung von Johannes Eck, abzüglich einiger pädagogisch und seelsorglich bedenklicher Formulierungen, in der Sache katholisch ist[73]. Man vergleicht hier überdies auf gleicher Ebene: kirchenamtliche Lehrdokumente – und nicht kirchenamtliche Lehre mit der Meinung eines einzelnen Theologen, der auch eine Gestalt wie Luther immer noch bleibt. Kann man also noch behaupten, die Rechtfertigungslehre sei zwischen der römisch-katholischen Kirche und dem Luthertum kirchentrennend, wenn solche Trennung gegenüber der „katholischen Kirche Augsburgischen Bekenntnisses" nicht mehr gegeben ist?

Und doch war der kirchenpolitische Ansatz von Anfang an umstritten. Was nützt eine Einigung über die Rechtfertigungslehre des aus seiner geschichtlichen Situation herausgelösten Augsburger Be-

---

[72] Vgl. *Maron,* aaO (s. Anm. 43) 249–267. Nicht so scharf im Ton, aber in der Sache ähnlich auch *Pfürtner,* ebda. (s. Anm. 54).

[73] Vgl. die Belege bei *Pfnür,* Einig in der Rechtfertigungslehre? (s. Anm. 46) 253 Anm. 255; 256 Anm. 273; 262–264; 269; 399.

kenntnisses, wenn lutherisches Christsein und lutherisch-theologisches Denken auch heute nach wie vor entscheidend von Luther und nicht von der CA geprägt sind? Wie kann die Anerkennung selbst eines „Fundamentalkonsenses" (Iserloh) mit der CA weiterhelfen, wenn – von anderen Problemen ganz abgesehen – eine solche Anerkennung, in kirchliche Wirklichkeit umgesetzt, mit Sicherheit neue Spaltungen gegenüber denen heraufbeschwören würde, die sich im Namen Luthers oder gar im Namen des heute neu zu verstehenden Evangeliums aus einem solchen Konsens auszunehmen wünschen? Man wird dann jedenfalls nicht mehr sagen können, der kirchenpolitische Ansatz führe zu der Einsicht, daß die Rechtfertigungslehre nicht kirchentrennend sei.

3. Das Fazit: verschiedene Harmonielehren

Die kontroverstheologischen Übungen in Harmonielehre führen also, nicht anders als in der Musikgeschichte, zu verschiedenen Wesensbestimmungen von Harmonie, zu verschiedener Bestimmung über Bedingungen von Konsonanz. Auf jeder Argumentationslinie klingen die Bedingungen, unter denen die Rechtfertigungslehre nicht mehr kirchentrennend sei, anders. Per saldo kann man sagen: Die Gewißheit von der Rechtfertigung aus Glauben allein *muß nicht* kirchentrennend sein. *Denkbar* ist, daß man sich in bezug auf die Rechtfertigung sola fide einig ist, die Kirchen aber aus anderen Gründen getrennt sind und bleiben. Das ist indes kein Blankoscheck für das Kirchenverständnis. Es gibt auch ein Kirchenverständnis, welches das sola fide Lügen straft. Daraus folgt, noch einmal per saldo: Das Kirchenverständnis ist nur dann *kein* Einwand gegen eine einheitsstiftende Rechtfertigungslehre, *wenn die Kirche das sola fide einräumt einschließlich der darin mitgesetzten Selbstrelativierung.* Eine Kirche, die dazu theoretisch und praktisch nicht bereit wäre, kann nicht erwarten, daß Lutheraner zustimmen, wenn gesagt wird: Die Rechtfertigungslehre ist nicht mehr kirchentrennend. Dieser Grundsatz gilt auch für die Kirchen der Reformation, dann nämlich, wenn sie die Rechtferigungslehre – eine bestimmte Rechtfertigungslehre –, statt zur maßgebenden Mitte aller kirchlichen Verkündigung, selber zum Lehrgesetz machen. Doch darüber ist hier nicht zu handeln. Wir fragen nach der römisch-katholischen Kirche. Kann

sie jene Selbstrelativierung leisten, die in der Tat die unersetzliche Voraussetzung für einen glaubwürdigen Konsens in der Rechtfertigungslehre ist? Leistet sie diese Selbstrelativierung bereits? Darüber ist man selbstverständlich wiederum uneins. Daher beginnt an dieser Stelle (und mit der vorhin[74] angedeuteten Selbstrelativierung):

IV. Ein kontroverstheologisches Solo

Was jetzt noch kommt, ist also nicht mehr Bericht, ich sage es völlig auf eigene Rechnung und Verantwortung. Ich bin ganz entschieden der Auffassung, daß die Rechtfertigungslehre nicht (mehr) kirchentrennend ist und es auch niemals hätte werden dürfen, wenn man den langen Atem einer geduldigen selbstkritischen Diskussion gehabt hätte. Kirchentrennend waren und sind vielmehr Konsequenzen, die man damals aus der Neubesinnung auf die Rechtfertigungslehre ziehen oder verweigern zu müssen glaubte, nach historischem Ermessensurteil möglicherweise unvermeidlich, aber sachlich nicht begründet. Kirchentrennend sind bis heute theologische und kirchenstrukturelle Rigorismen, die Konsequenzen der Konsequenzen sind und, allen subtilen gegenteiligen Konstruktionen zum Trotz, nur von ferne mit der Rechtfertigungslehre zu tun haben. Ich bin daher ganz entschieden der Meinung, daß die Frage nach Konsens in der Rechtfertigungslehre von der Frage nach der Kircheneinheit abgetrennt werden *muß*, weil das Faktum kirchlicher Lebensformen, die – übrigens beiderseits! – mit dem Glauben an die Rechtfertigung aus Glauben allein nur schwer oder gar nicht in Einklang zu bringen sind, den Konsens in der Rechtfertigungslehre nicht aufhebt, sondern „nur" anzeigt, daß die Kirchen in einem noch nicht aufgehobenen Widerspruch zur Mitte ihrer eigenen Verkündigung leben. Je deutlicher die Kirchen diesen Widerspruch einsehen und eingestehen, desto weniger kann die Widersprüchlichkeit ihres *Lebens* und ihrer *Strukturen* als Einwand gegen ihre *Lehre* und behaupteten *Einklang* in der Lehre durchschlagen. Ich behaupte, daß dies auch und gerade in zunehmendem Maße für die katholische Kirche gilt. Diese komplexe These habe ich nun (kurz!) zu erläutern, indem ich ihre

[74] Vgl. w. o. S. 33f.

Voraussetzungen aufzähle, und sie an den beiden verbleibenden Kernfragen: „Kirche und Rechtfertigung“ und: „Rechtfertigung und Sprache“ durchführe[75].

1. Hindernisse, die nicht hindern dürfen

Die Feststellung, die Rechtfertigungslehre sei nicht mehr kirchentrennend, braucht sich durch drei ärgerliche Behinderungen nicht mehr aufhalten zu lassen, darf sie vielmehr beherzt überspringen.

a) Verweigerte Kenntnisnahme

Die eine Behinderung ist, wenn Fakten, hier also: Texte, solide Forschungsergebnisse und kirchliche Entwicklungen einfach nicht zur Kenntnis genommen werden. Wo begründete Zweifel an der Unumstößlichkeit der eigenen Position einfach ignoriert werden und dennoch gesagt wird, es bestehe weiterhin unaufhebbarer Gegensatz, da müssen eben die Akten geschlossen werden, bis der Debattengegner die Tatsachen würdigt oder eine zwingende Widerlegung ihrer Interpretation sich abverlangt. Ich möchte es hier bei dieser allgemeinen und auf *beide* konfessionellen „Lager“ gezielten Bemerkung belassen, weil ich sonst hochgeachtete Teilnehmer des kontroverstheologischen Gesprächs frontal angreifen müßte.

b) Unfähigkeit zu mehrdimensionalem Denken

Überspringen darf man es auch, wenn die Bestreitung einer Lehrübereinstimmung auf der Unfähigkeit beruht, „mehrdimensional“ zu denken, d.h.: wenn ein negatives Urteil offen oder heimlich unterstellt, daß verschiedene Sprachen, verschiedene Begrifflichkeit, verschiedene „Vorverständnisse“, verschiedene Denkformen, verschiedene geschichtliche Verstehensbedingungen einen Konsens in der Sache aufheben, jedenfalls einen solchen Konsens, wie ihn die Einheit der Kirche erfordern muß. Wir reden damit nicht einer ahnungslosen Unterscheidung von „Sache“ und „Verstehensweise“,

---

[75] Das Folgende ist ausführlicher dargestellt in: *O. H. Pesch,* Gottes Gnadenhandeln (s. Anm. 23) 897–913. Ich nehme die damaligen Überlegungen umso ungenierter wieder auf, als ich von evangelischer Seite nie eine Reaktion darauf erhielt – mit der einen großen Ausnahme von *Hans Geißer* in: ThZ 32 (1976) 159–166, bes. 164f. Den Herausgebern des Ergänzungsbandes (s. Anm. 35) ist diese wichtige Besprechung entgangen; vgl. aaO 521–528.

von „Kern“ und „Denkmodell“, von „Wirklichkeit“ und „Begriff“ das Wort. Konkret gilt: Das Wort, der Begriff, die geschichtlich bedingte Verstehensweise *ist* das Sachverständnis – und man hat auch dann noch kein anderes, wenn man sich seiner perspektivischen Verkürzung bewußt und sogar in der Lage ist, sich in andere Verstehensweisen „hineinzudenken“. In diesem Sinne gilt tatsächlich: Man kann nicht zugleich Thomist und Lutheraner sein, nicht zugleich ein christlicher Neuplatoniker und christlicher Existentialist. Aber jeder Menschengeist ist unmittelbar zu Gott – wie wir ja nicht zuletzt aus Luthers Rechtfertigungslehre lernen –, und solange sich auch ein Theologe den Kopf nicht aussuchen kann, mit dem er auf die Welt kommt, muß man umgekehrt davon ausgehen, daß der Geist Gottes in der Lage ist, dem Evangelium etwa im Kopf eines christlichen Aristotelikers genau so zum kritischen Durchbruch zu verhelfen, wie er es, davon gehe ich unumwunden aus, im Kopfe Luthers getan hat. Welch ein Bild von der Geschichte des christlichen Denkens, wenn man allen Ernstes annehmen müßte, nach Paulus seien in der Kirche bis auf wenige Petroleumfunzeln die Lichter ausgegangen, erst nach 1500 Jahren habe Luther den Kronleuchter des Evangeliums wieder angezündet, und danach sei es – bis heute – wiederum finster geworden! Nein, nicht über geschichtlich vorgegebene, gar nicht nach Belieben austauschbare Denkvoraussetzungen hat der Rechtfertigungsartikel sein „Richteramt“ auszuüben, sondern darüber, wie sich das Evangelium *in* vorgegebenen Denkformen umgestaltend zur Geltung gebracht hat. Umgestaltend dann auch für das „Wirklichkeitsverständnis“ überhaupt, aber nachfolgend, nicht als Voraussetzung. Wenn man so *nicht* denken dürfte, wenn also die Rechtfertigungslehre für immer mit der Art, wie Luther sie ausdrückte und gedanklich ausarbeitete, total identifiziert bleiben müßte oder umgekehrt mit den Sprach- und Denkmustern des Trienter Konzils, dann allerdings könnten über der Frage nach der Einheit in der Rechtfertigungslehre wiederum die Akten geschlossen werden, und es bliebe für immer bei dem, wobei es nur zu oft bleibt: bei gegenseitigen Kapitulationsforderungen oder auch höflichen Respektbezeigungen vor der ehrlichen, aber unannehmbaren Überzeugung und Sehweise des anderen. Diese Engführung aber darf man getrost überspringen. Auch für die Kontroverstheologie, sofern sie *Theologie* bleiben will, gilt die „missionarische Regel“ des Paulus, daß man den Juden ein

Jude und den Griechen ein Grieche werden muß, um überall einige zu gewinnen (1 Kor 9,20f.).

c) Denkfigur der Integration

Solche Überlegungen bilden schon das Sprungbrett, von dem aus man auch über das dritte Hindernis hinwegkommt: *die Denkfigur der „Integration"*. Optimistische katholische Ökumeniker erwecken den Eindruck oder sagen es direkt, man könne heute, nicht nur, aber besonders in der Rechtfertigungslehre, Luther in katholisches Denken „integrieren"[76]. Nimmt man dies beim Wort, so bedeutet es nicht weniger als dies, daß Luther, von einigen Randfragen abgesehen, gar nichts Neues gesagt habe, nur habe man das bedauerlicherweise lange Zeit nicht gemerkt. Kein Wunder, wenn lutherische Theologen sich selbst und ihre Tradition nicht gerne „integrieren" lassen wollen! Nun muß man gewiß die lutherischen Gesprächspartner herzlich bitten, in Rechnung zu stellen, daß das Wort „integrieren" eher an ängstliche, den Ausverkauf lebendiger Überzeugungen fürchtende Katholiken gerichtet ist als an die evangelische Adresse. Es ist trotzdem, wie mir scheint, kein gutes Wort und sollte auf die schwarze Liste derjenigen Worte gesetzt werden, die Teilnehmer des ökumenischen Gesprächs nicht mehr in den Mund nehmen dürfen. Übrigens habe auch ich selbst mich immer wieder gegen das Mißverständnis zu wehren, in meinen Überlegungen zum Konsens in der Rechtfertigungslehre ginge es darum, Luther in katholisches Denken zu „integrieren". Der Vorwurf, hier werde versucht, „das Unversöhnliche zu versöhnen" (Subilia), hätte dann sein volles Recht. Aber es kann, bildlich gesprochen, im Ernst nicht darum gehen, in der bestehenden katholischen Kirche und in der traditionellen katholischen Theologie für Luther doch noch eine bisher übersehene leere Schublade zu entdecken – als ob diese Kirche und ihre Theologie in der Weise in der „Fülle der Wahrheit" stünde, daß nichts Neues ihr noch zu denken geben dürfte. Es kann vielmehr nur darum gehen, für Luther einen neuen – und angemessen großen –

---

[76] So wörtlich z.B. J. Lortz vor der Hauptversammlung der Luther-Gesellschaft in Mainz 1964: „Wir können Luther katholisch integrieren"; vgl. Luther. Zeitschrift der Luther-Gesellschaft, 36 (1965) 43; kritisch dazu schon *Brandenburg,* Martin Luther gegenwärtig (s. Anm. 21) 114; 146.

Schrank in das Haus der Kirche zu stellen und zu diesem Zwecke das Haus der Kirche zu erweitern – Baugrund ist genügend da. Es geht also in der Tat um Selbstrelativierung der bestehenden Kirche unter dem Richterspruch des Rechtfertigungsartikels. Und damit bin ich beim ersten der beiden verbleibenden Problemschwerpunkte.

2. Rechtfertigung und Kirche

Das „Richteramt" des Rechtfertigungsartikels ist für diesen keine beiläufige Zutat, sondern konstitutiv. Daß dieses Richteramt mit Recht jede Lehre als falsch entlarvt, die auf einen Selbstaufbau des Menschen vor Gott hinauskommt, ist nach vielem Hin und Her inzwischen eine ökumenische Binsenwahrheit. Die Frage, ob es nicht im evangelischen wie im katholischen Raum Tendenzen gibt, die im Ergebnis darauf hinauskommen, den Zuspruch des Evangeliums primär und alles andere bedingend in die Forderung nach neuen Taten und Werken umzuwandeln, sei hier nur gestellt, nicht untersucht. Aktuell im Umkreis der Rechtfertigungslehre ist allein die Frage, ob auch die Kirche, ihre Lebensformen und ihre Strukturen, sich dem Gericht des Rechtfertigungsartikels unterstellen. Noch genauer und jetzt gezielt auf die katholische Kirche hin gefragt: ob sie sich für ihre Glieder nicht selbst dergestalt zum geforderten „Werk" macht, daß sie sich faktisch mit der ganz von außen kommenden Gnade Gottes identifiziert – und wäre es nur in Gestalt ihrer sakramentalen „Vermittlung".

Wer unseren Bericht aufmerksam verfolgt hat, wird nicht bestreiten, daß im durchschnittlichen katholischen Urteil über Luthers Rechtfertigungslehre, auch im sympathisierenden Urteil, das konstitutive Richteramt des Rechtfertigungsartikels und die entsprechenden evangelischen Vorhaltungen seltsam wenig ernst genommen werden. Meist begnügt man sich damit, Mißverständnisse klarzustellen, die wirklichen Aussagen der katholischen Tradition deutlicher als zuvor herauszuarbeiten und Luther insoweit zuzustimmen, daß auch sein Rechtfertigungsverständnis als *eine* legitime und andere nicht ausschließende Ausdrucksweise des christlichen Glaubens zu gelten habe. Die evangelische Reserve gegenüber der Behauptung, die Rechtfertigungslehre sei nicht mehr kirchentrennend,

hat also einsehbare Gründe – zumal wenn man sich die ernüchternde Tatsache vor Augen hält, daß überhaupt das Interesse an Luther und die Überzeugung, Entscheidendes von ihm lernen zu können, selbst in Deutschland nur eine ganz dünne Schicht der katholischen Christenheit erfaßt und geprägt hat[77].

Und doch ist es nur die eine Hälfte dessen, was zur Urteilsbildung zu beachten ist. Spricht man von der *kritischen* Funktion des Rechtfertigungsartikels, so bedeutet das zugleich, daß er auf eine kritikwürdige Situation bezogen ist. Nun ist aber einfach, wenn man Realist sein will, nicht alles und jedes in der Kirche und an der Kirche kritikwürdig. Daraus folgt: Die Rechtfertigungslehre muß zwar jederzeit in ihrem Richteramt in Anspruch genommen werden *können,* aber sie muß nicht jederzeit in Anspruch genommen *werden,* sondern nur dann und dort, wo die Gefahr besteht, daß sich das Gegenteil ihrer Botschaft breitmacht wie etwa bei einigen Adressaten der paulinischen Briefe oder in der Reformationszeit. Diese zunächst rein formale Überlegung soll nichts Geringeres sicherstellen als gerade die kritische und befreiende Funktion der Rechtfertigungslehre selbst, und sie soll verhindern, daß sie bzw. das Bekenntnis zu ihr am Ende selber ein zu leistendes „Werk" wird. Nur in konkreter Unheilserfahrung entfaltet die Rechtfertigungsverkündigung ihre befreiende Kraft. Nur wo die Kirche das Leben „aus Glauben allein" durch ihren Einfluß auf die Gläubigen konkret behindert und sogar verhindert, wird die Rechtfertigungslehre kritisch akut.

Nun ist es einfach Tatsache, daß Millionen von Christen in ihrem Glauben eine *solche* Unfreiheits- und Unheilserfahrung nicht machen – selbst nicht bei solchen Erscheinungsformen des kirchlichen Lebens, die für die Reformation Anlaß waren, die Rechtfertigungslehre zum „articulus stantis et cadentis ecclesiae" zu proklamieren. Sie erleben ihre Kirche tatsächlich als Ort der Freiheit, weil als Ort von Geborgenheit, von „Nestwärme", von Halt für das Leben. Wer das einen „naiven" oder „kirchlich angepaßten", „unkritischen" Glauben nennen möchte, muß selber zusehen, wie er ein solches Pauschalurteil verantwortet. Wer kürzlich im Fernsehen den Film von Ermanno Olmi über Papst Johannes XXIII[78]. gesehen und auf

[77] Vgl. *Pesch,* „Ketzerfürst" und „Vater im Glauben" (s. Anm. 3) bes. 123 f.; 136–152.
[78] Es kam ein Mensch, 22. Nov. 1981 im ZDF. Vgl. auch die Biographie von *L. Elliott,*

die Zwischentöne, auf das „im Gesagten Ungesagte" geachtet hat, weiß, wovon die Rede ist. Übrigens hat bekanntlich eine solche kirchlich selbstverständliche Form des Glaubens gar nichts mit bestimmten Bildungsvoraussetzungen zu tun. Hier mit einer kirchenkritisch zugespitzten Rechtfertigungslehre zu kommen und darauf zu bestehen, befreit nicht von Angst und Druck, sondern schafft beide – Angst vor einem Glauben, dessen konkrete Lebensform nicht länger bergen kann. Angelo Roncalli hat zeitlebens sich mit all jenen Worten und Denkfiguren ausgedrückt, die einen Anwalt lutherischer Rechtfertigungslehre in hellen Zorn versetzen müssen. Und genau so ist derjenige geworden, der lange vor seiner Wahl zum Papst allen, die ihn kannten, das bezaubernde Inbild christlicher Freiheit darbot. Und genau so hat er über Nacht das öffentliche Bild der katholischen Kirche verwandelt. Und er ebenso wie Millionen von Christen, die genau so in der Kirche ihren Glauben leben, sollten nichts von der „Rechtfertigung aus Glauben allein" verstanden haben?

Daraus ist folgende Konsequenz zu ziehen: Es ist kein Einwand gegen die Geltung des Richteramtes der Rechtfertigungslehre in der Kirche, wenn es bei denen, die in und mit der Kirche keine Unheilserfahrung erleben, beim materialen Konsens *bleibt,* wenn man also, wo man ihr begegnet, die lutherische Rechtfertigungslehre als *eine* Interpretation der Gnade Gottes versteht, die man in anderen Interpretationen, glücklichen oder weniger glücklichen, nicht weniger ernst nimmt und als Lebensgrund ergreift. Wenn die Kirche sich von einer faktisch zum *Lehrgesetz* erhobenen Rechtfertigungslehre nicht beeindrucken läßt und sich schützend vor den Glauben und die Kirchenfrömmigkeit der „Einfältigen" stellt, gereicht ihr das nicht zur Schande, sondern zur Ehre. Die Rechtfertigungslehre gebietet gerade dies. Der einzige und wirkliche Punkt, an dem sich herausstellt, ob die Kirche das Richteramt der Rechtfertigungslehre ernst nimmt, ist daher die Frage, wie sie mit denen umgeht, die in die bewußt erlebte Konfliktsituation mit der Kirche geraten und sich den Zwie-

---

Johannes XXIII. Papst der Güte, Papst des Friedens (Freiburg i. Br. 1974); Taschenbuch-Ausgabe 1978). Es ist darum von höchstem Interesse, wie *H. Thielicke,* Theologie des Geistes (= Der evangelische Glaube III) (Tübingen 1978) 298f., am Bild Johannes' XXIII. die Bedingungen für eine evangelische Zustimmung zum Amt des Papstes entwickelt!

spalt zwischen persönlicher Glaubensexistenz und kirchlicher Glaubensartikulation und Lebensform nicht verhehlen können. Niemand kann bestreiten, schon gar nicht für die Vergangenheit, daß in einem solchen Fall mit kirchenamtlichen „Maßnahmen" zu rechnen ist, wenn der Betroffene nur ein wenig bekannt ist und womöglich Einfluß hat. Und selbst für die Unbekannten kann man Verhältnisse schaffen, daß die „innere Emigration" die einzige Möglichkeit bleibt, dem kirchenamtlichen Druck zu entkommen. Hat hier die Rechtfertigungslehre das letzte Wort für das kirchliche Handeln?

Nun, wer eine solche kirchenamtliche Reaktion zu provozieren nicht vermeiden kann, wird, wenn er seine kritische Meinung ernsthaft gebildet hat und nicht nur einer Mode nachläuft, in seinem Gewissen kaum verunsichert. Sein Glaube wird der Liebe Gottes gewiß sein, und deshalb wird er seine Meinung nicht ändern *allein* wegen der augenblicklichen Reaktion der kirchlichen Autorität. Das kirchliche Amt mag ihn *äußerlich* treffen können, aber das ist ja kein Argument. Die Tatsache, daß man durch äußeren Zwang versuchen kann, bestimmte Verhaltensweisen oder Meinungsäußerungen zu unterbinden, andere zu erzwingen, gehört für den, der bewußt den Konflikt wagen muß, zu jenen kirchlichen Faktizitäten, die unter dem Richterspruch der Rechtfertigungsbotschaft zu überprüfen sind. Wenn das Amt aufgrund geschichtlich gewachsener Strukturen ggf. äußerlich stärker ist als der seinem Gewissen verpflichtete Einzelne, so kann man das nicht gegen die Tatsache ausspielen, daß viele katholische Christen – Theologen und Nicht-Theologen – im Vertrauen auf die Rechtfertigung des Sünders aus Glauben allein den Konflikt mit ihrer Kirche ggf. nicht scheuen. Was zählt, ist die Tatsache, daß ein solcher Konflikt heute grundsätzlich *in* der Kirche ausgetragen werden kann – also weder Kirchenaustritt noch Exkommunikation als einzige Lösungsmöglichkeiten zur Debatte stellt. Was ferner zählt, ist die Tatsache, daß inzwischen eine große Zahl kirchlicher Amtsträger die dialogische Struktur, ja den notwendigen Antagonismus innerkirchlicher Konsensbildung und Lehrverkündigung theoretisch bejahen und praktisch zu verwirklichen trachten und dadurch Hoffnung geben, daß dieser Wille zum Dialog auch die institutionellen Formen ausbildet, die er benötigt[79]. Man mache hier

[79] Vgl. *O. H. Pesch,* Kirchliche Lehrformulierung und persönlicher Glaubensvollzug,

nicht den „Fall Küng“ zum Gegenargument! Er ist, mit Heinrich Fries zu reden, die Folge einer „nicht ausgehaltenen Spannung“[80], im Rahmen der geschilderten Entwicklung also ein Unfall und Rückfall, nicht weniger, aber auch nicht mehr. Und den Nachfolgern derer, die heute, gewiß guten Gewissens, für diesen „Fall“ verantwortlich zeichnen, wird er in zwanzig Jahren ebenso leid tun, wie es heute den „Verantwortlichen“ leid tut, daß man kirchenamtlich je etwas gegen Männer wie Yves Congar, Marie-Dominique Chenu, Henri de Lubac, Pierre Teilhard de Chardin oder Karl Rahner unternommen hat.

Wird also am Konfliktfall das Richteramt des Rechtfertigungsartikels akut, so zeigt sich dabei gewiß auch die immer noch gezogene *Grenze* des Konsenses. Es ist großenteils immer noch ein Konsens in Hoffnung. Die Einsicht von bisher nur wenigen muß ins öffentliche Bewußtsein der Kirche eindringen. Die kirchlichen Strukturen müssen sich in Richtung auf größere, dem Einzelgewissen gerechter werdende Dialogoffenheit hin verändern – was keineswegs den Verzicht auf ein Lehramt einschließen muß, wohl allerdings den Verzicht auf ein solches, das mit schrankenloser Durchsetzungsmacht ausgestattet ist[81]. Jedoch macht es einen fundamentalen Unterschied, ob man sagen muß: Die Kirche lebt *faktisch* und *praktisch* immer noch in partiellem Widerspruch zu ihrer Botschaft von der bedingungslosen Annahme des Menschen durch Gott, oder ob gilt: Die Kirche ist *grundsätzlich* und nach ihrem *Selbstverständnis* dem richtenden Maßstab des Rechtfertigungsartikels entzogen. Dies letztere gilt *nicht* – und deshalb darf man sagen: Wir sind einig in der Rechtfer-

---

in: H. Küng (Hg.), Fehlbar? Eine Bilanz (Zürich 1973) 249–279; bes. 277f.; *K. Lehmann,* Zum Verhältnis von kirchlichem Amt und Theologie, in: M. Seckler u.a. (Hg.), Begegnung (s. Anm. 23) 415–430; *K. Rahner,* Kirchliches Lehramt und Theologie nach dem Konzil, in: ders., Schriften zur Theologie VIII, 111–132; *O. H. Pesch,* Unsicherheit und Glaube. Zur Frage nach dem Halt im Glauben (Zürich 1981) 62–69; *M. Seckler* (Hg.), Lehramt und Theologie. Unnötiger Konflikt oder heilsame Spannung? (Düsseldorf 1981); *W. Kern* (Hg.), Die Theologie und das Lehramt (Freiburg i. Br. 1982). – Vgl. auch die sehr entschiedenen Äußerungen von *W. Kasper,* Amt und Gemeinde, in ders.: Glaube und Geschichte (Mainz 1970) 388–414, hier: 413f. die auf derselben Linie liegen, die ich hier verfolge.

[80] Vgl. *H. Fries,* Die nicht ausgehaltene Spannung. Überlegungen zur Auseinandersetzung um Hans Küng, KatBl 105 (1980) 457–463; abgedruckt in: ders., Dienst am Glauben. Aufgaben und Probleme theologischer Arbeit (München 1981) 94–108.

[81] Vgl. *O. H. Pesch,* Unsicherheit und Glaube (s. Anm. 79), ebd.

tigungslehre, und die restlichen Hindernisse der Kircheneinheit schlagen auf diesen Konsens nicht durch.

3. Rechtfertigungslehre ohne „Rechtfertigung"?

Wir könnten kaum wagen, das Rechtfertigungszeugnis der Reformation so entschieden auf das katholische Konto zu buchen, wenn nicht noch eine weitergehende Überlegung das bisher Gesagte noch viel vertrauter erschienen ließe. Es ist damit freilich auch eine äußerste Herausforderung an die evangelische Theologie, speziell die lutherische, verbunden. Die Überlegung besagt: Man kann und muß – zumindest heute – von der Rechtfertigung des Sünders durch Glauben allein nach allen ihren Dimensionen sprechen, ohne den Begriff „Rechtfertigung" dabei zu gebrauchen.

Es geht dabei *nicht* nur darum, das *Wort* „Rechtfertigung" zu vermeiden. Dazu genügt schon ein Hinweis auf Luther, der in seinem „Kleinen Katechismus" den „Artikel, mit dem die Kirche steht und fällt" mit keinem Wort erwähnt und im „Großen Katechismus" ausdrücklich erklärt, bestimmte Details der Rechtfertigungslehre seien nur etwas für Spezialisten[82]. Es geht auch nicht nur darum, ob man von der Rechtfertigung des Sünders ausschließlich im „forensischen" Denkmodell von Gericht, Anklage und gnädigem Freispruch reden dürfe. Wenn wir uns auf die drei Voraussetzungen unserer Überlegungen besinnen, haben wir diese Frage hinter uns. Es geht vielmehr um folgende Kernfrage: Schon der Begriff „Rechtfertigung" ist seit den Tagen des Apostels Paulus bezogen auf die vorausgehende und als solche eingesehene und eingestandene *Sünde* des Menschen – kann man also von „Rechtfertigung" reden, ohne *zuvor* von der Sünde zu reden, sie dem angesprochenen Menschen bewußt zu machen?

Man muß so fragen, weil davon auszugehen ist, daß der Mensch unserer Tage, auch zahllose Christen, sich nicht mehr in einer allem anderen vorausgehenden Weise bewußt sind, „allzumal Sünder" zu sein. Mit einer bloßen liturgischen Rezitation dieser Formel ist es ja nicht getan. Dann aber droht die Rechtfertigungslehre buchstäblich nichtssagend zu werden, zugesprochene Befreiung von einer

[82] Vgl. BSLK 565, 14–16; 653, 11–15.

„Sünde", die buchstäblich erst herbeigeredet werden müßte. Wenn die Rechtfertigungsbotschaft wirklich befreiend sein soll, muß sie sich – ähnlich wie auf wirkliche Konflikterfahrung in der Kirche – auf *wirkliche* Unheilserfahrung beziehen, wie sie faktisch gemacht wird – und dazu gehört durchschnittlich *direkt* nicht mehr die Sünde im Sinne bewußter Auflehnung gegen Gott und sein Gebot. Wie kann dann aber Rechtfertigungsverkündigung noch Verkündigung von „Rechtfertigung" bleiben?

Nun ist diese Frage ihrerseits das sprichwörtliche „weite Feld". Die verschiedensten Antworten über die Reihenfolge von Sünden- und Rechtfertigungspredigt – man kann genauso gut sagen: von Gesetzes- und Evangeliumspredigt! – werden gegeben, und meine eigene Meinung kann auch hier nicht mehr sein als ein Solo im kontroverstheologischen Stimmengewirr. Ich beschränke mich auf eine einzige Andeutung, die immerhin, wenn schon nicht durch feierliche Äußerungen Luthers gedeckt, so doch auf der Fluchtlinie seines Denkens liegt[83]. Es gehört gewiß im Blick des Glaubens zur Tiefendimension menschlichen Unheils, wenn jegliche Ahnung davon schwindet, das erfahrene Unheil könne mit der Selbstherrlichkeit des Geschöpfes gegenüber seinem Schöpfer zusammenhängen. Gerade dann aber ist es schon ein gut Teil Befreiung, ein Stück Gerechtigkeit, weil *Wahrheit,* wenn der Mensch sich unter dem Anspruch der Rechtfertigungsbotschaft allererst bewußt wird, wie es wirklich um ihn steht. Wer heute also dafür eintritt, daß von der menschlichen Sünde nicht *vor* dem Wort von seinem Heil die Rede sein kann, sondern nur zugleich mit ihm, d.h.: von der Sünde sogleich als von der *vergebenen* Sünde, dann löst man damit nicht den Zusammenhang von Rechtfertigungslehre und Sündenbewußtsein auf, sondern radikalisiert ihn. Anders ausgedrückt: In der heutigen Verkündigungssituation fallen Befreiung von der Sünde und Entlarvung der Sünde, fallen Gnade und Gericht stärker zusammen, als es selbst in den Formulierungen der Reformation schon ausgesprochen wird. Darum darf man den Satz wagen: Diejenigen lutherischen Theologen verantworten heute das Rechtfertigungszeugnis der Reformation am besten, die nicht im reformatorischen Gedankenduktus und in der reformatorischen Terminologie davon spre-

---

[83] Vgl. *Pesch,* Theol. der Rechtfertigung (s. Anm. 23) 83 f.; vgl. auch 47–49 Anm. 63.

chen[84]. Das ist auch der tiefste Grund dafür, warum man von einem Konsens in der Rechtfertigungslehre auch und gerade dort sprechen darf, wo katholische Theologen die Rechtfertigungslehre, wie beschrieben, geradezu vergessen[85]. Denn wenn die Rechtfertigungslehre nichts anderes als die „formelhafte Zusammenfassung" (E. Wolf) der Christusverkündigung ist, dann ist es kritisch-befreiende Rechtfertigungsverkündigung, wenn „auf alle Weise" (Phil 1, 18) Christus und seine Heilsbedeutung in die Unheilssituation unserer Tage hinein verkündigt und bedacht wird. Und daß eben dies in einer Rechtfertigungsverkündigung geschehen muß, die ihren Namen verdient, wird auch derjenige nicht bestreiten wollen, der im Namen der Reformation meint, bei einer unumkehrbaren Reihenfolge von Sündenpredigt und Rechtfertigungsbotschaft bleiben zu müssen.

V. Kurze Coda im pianissimo

Alles zuletzt Gesagte war, wie eigens angemerkt, ein Solo. Man müßte nun erproben, ob und wie es sich gegen das Tutti des kontroverstheologischen Orchesters durchsetzt. Dazu wäre viel zu sagen. Vor allem müßte man die vorausgehenden Überlegungen nun einmal transponieren und buchstäblich durchspielen an den großen Teilthemen der Rechtfertigungslehre einerseits – Sünde, Buße, Vergebung, Freiheit, Heilsgewißheit, „gerecht und Sünder zugleich", Gesetz und Evangelium, Sakramentsverständnis usw. – und an den „klassischen" Konfliktfeldern innerhalb der Kirche anderseits, dann könnte man genauer ermessen, wieweit der Konsens in der

---

84 Diese Überzeugung verbindet so verschieden denkende Theologen wie etwa *G. Ebeling,* Das Wesen des christlichen Glaubens (Tübingen 1961) 149–163; *ders.,* Luther (s. Anm. 66) 10; 24; 124; 178–197; bes. 176; *U. Kühn* in: Neues Glaubensbuch (s. Anm. 65) 568–570; *D. Sölle,* Atheistisch an Gott glauben. Beiträge zur Theologie (Olten 1968) 77–96. Und *E. Wilkens* (Hg.), Helsinki 1963 (s. Anm. 29), beweist, daß das Problem inzwischen weltweit im Bewußtsein der lutherischen Christenheit ist – gleichviel, wie die Lösungsvorschläge ausfallen.

85 Vgl. w. o. S. 37 f. mit Anm. 67. Vgl. dazu jetzt auch *W. Breuning,* Christologie und Rechtfertigung in der Lehre der römisch-katholischen Kirche und der gegenwärtigen ökumenischen Diskussion, in: G. Klapper (Hg.), Zur bleibenden Aktualität des Augsburger Bekenntnisses (= Fuldaer Hefte 25) (Hamburg 1981) 92–118.

Rechtfertigungslehre reicht und trägt. Das ist nun hier nicht möglich. Und so kann man das kontroverstheologische Orchester nicht auf einen abschließenden strahlenden Dur-Akkord hin dirigieren. Die Coda schließt – musikgeschichtlich gar nicht ungewöhnlich – pianissimo. Wir können nur leise sagen: Die Rechtfertigungslehre ist immer noch kirchentrennend – aber es gibt eine Reihe katholischer und evangelischer Theologen, die sagen, das müsse nicht so sein und dürfe nicht so weitergehen. Es sind Theologen, denen niemand vorwerfen kann, sie hätten nichts von dem verstanden, worum es dabei geht.

Ich möchte daher abschließend, statt ein paar hastige Schlußthesen zu machen, einfach an ein Wort Luthers erinnern. „Wenn wir das erlangen", schreibt Luther im Großen Galaterkommentar von 1531, „daß allein Gott aus der reinen Gnade durch Christus rechtfertigt, dann wollen wir den Papst nicht nur auf den Händen tragen, sondern ihm auch die Füße küssen."[86] Nun, ein Papst, der das „zugesteht", wird sich wohl auch nicht mehr die Füße küssen lassen. Inzwischen lassen sich Päpste nicht mehr die Füße küssen und auch nicht mehr auf Händen tragen. Sind sie dabei, Luthers Anmahnung durch die Tat zu erfüllen? Wird auch ein Papst, auf Leben und Tod gefragt, im Ernst sagen, es komme für den Menschen auf die Kirche an und nicht auf den bedingungslosen Glauben an die Liebe Gottes? Das ist eine ungerechte Fangfrage, gewiß. Aber an ihr kommt doch heraus, daß alle Kirchenstrukturen und kirchenamtlichen Machtverhältnisse, und wären sie noch so „straff", ja hätten wir sie aus dem Munde Jesu selbst, doch immer in jener tiefen Relativität in bezug auf das verbleiben, wozu sie da sind: in der Relativität des Instrumentes zu dem, wozu es gebraucht wird und zu dem, der es handhabt. Der Rest ist die Differenz zwischen Sein und Sollen, zwischen Maßstab und Wirklichkeit, der alle von Menschen getragene Wirklichkeit durchzieht, sogar die evangelische Kirche. Der katholischen Kirche sollte man nicht bestreiten, daß sie auf dem Wege ist, diese Differenz – unter Kämpfen und Niederlagen, wie überall – Schrittchen um Schrittchen zu verkleinern. „Der schlichte, einsame Sarg

---

[86] WA 40 I, 181, 11–13; vgl. Z. 21–25. Dazu jetzt *H. Kleinknecht,* Gemeinschaft ohne Bedingungen. Kirche und Rechtfertigung in Luthers großer Galaterbrief-Vorlesung von 1531 (Stuttgart 1981) 88.

Papst Pauls VI. auf dem Petersplatz – durch das Fernsehen eindrücklich vermittelt –", schreibt Franz-Xaver Kaufmann in seinem Buch „Kirche begreifen", „sagte mehr über die nachkonziliaren Wandlungen des Katholizismus aus als manches päpstliche Lehrschreiben"[87]. Man darf hinzufügen: „... und über zukünftige Wandlungen." Einig in der Rechtfertigungslehre? Ich sage getrost: Ja!

---

[87] *F.-X. Kaufmann,* Kirche begreifen. Analysen und Thesen zur gesellschaftlichen Verfassung des Christentums (Freiburg i. Br. 1979) 180.

ZWEITE STUDIE

„Gesetz und Evangelium"

Eine lutherische Formel als Herausforderung für die katholische Ekklesiologie

„Nahezu die ganze Schrift und das Verstehen der gesamten Theologie hängen am rechten Verstehen von Gesetz und Evangelium", schreibt Martin Luther 1521 in der Lateinischen Adventspostille zum Evangelium des 3. Adventssonntags (Mt 11,2–20)[1]. Und gut zehn Jahre später prägt er das „steile" Wort, die Unterscheidung von Gesetz und Evangelium sei „die höchste Kunst in der Christenheit"[2]. Wer, wie etwa Erasmus von Rotterdam, diese Unterscheidung nicht beherzigt, der mag sich noch so lange mit der Heiligen Schrift beschäftigen, er versteht dennoch nichts von ihr[3].

Das Pathos dieser Formel verwirrt – mußte damals verwirren und verwirrt den katholischen Leser und Hörer heute noch und den evangelischen (lutherischen) nur dann nicht, wenn die Formel ihm *allzu* vertraut und damit zur *bloßen* Formel geworden sein sollte. Denn entweder ist die Unterscheidung eine banale Selbstverständlichkeit – dann nämlich, wenn mit „Gesetz und Evangelium" einfach die Unterscheidung beider Testamente der Heiligen Schrift gemeint ist. Das aber ist keine „hohe Kunst", sondern in jedem Bibelexemplar vorgegeben. Man kann dann gründlich diskutieren, ob bei dieser Unterscheidung das Element der Kontinuität oder das Element des Bruchs und des Neubeginns das stärkere Gewicht hat, und in dieser Hinsicht stünde Luther in einer langen Tradition seit Augustinus und Pelagius, dem Frühmittelalter, Thomas von Aquin bis in die Spätscholastik hinein[4]. Die Unterscheidung selbst aber wäre

---

[1] WA 7, 502,34; vgl. die deutsche Adventspostille zum gleichen Text, 10 I 2, 155,21 (s. w. u. S. 70 mit Anm. 53).

[2] WA 36, 9,28 (Neujahrspredigt 1532 über Gal 3,23–29).

[3] Vgl. WA 18, 680,28; 693,5 (De servo arbitrio, 1525); 40 I, 207,17; 486,26 (Großer Galaterkommentar, 1531, Druck 1535).

[4] Der Erhellung dieser Tradition können folgende ausgewählte Untersuchungen die-

nichts als die selbstverständliche Grundlage der christlichen Kirche gegenüber dem Judentum. – Oder aber: die Formel ist eine kalkulierte Neuheit, deren ungewohnter Klang ihr entsprechende Aufmerksamkeit sichern soll. Dann muß man fragen, warum Luther so formuliert und wie es dahin gekommen ist. Warum begnügt er sich nicht damit, wie Paulus von „Gesetz und Verheißung" zu sprechen?[5] Warum hält er die aus der mittelalterlichen Theologie geläufige Formel „Gesetz und Gnade" nicht für ausreichend?[6] Warum spricht er

---

nen, in denen weitere Literatur verzeichnet und verarbeitet ist (alphabetisch nach Autoren): *A. Brandenburg,* Gericht und Evangelium. Zur Worttheologie in Luthers erster Psalmenvorlesung (Paderborn 1960); *G. Ebeling,* Die Anfänge von Luthers Hermeneutik, in: ders., Lutherstudien I (Tübingen 1971) 1–68 (geschrieben 1951); *ders.,* Zur Lehre vom triplex usus legis in der reformatorischen Theologie, in: ders., Wort und Glaube (I) (Tübingen 1960, ³1967) 50–68; *ders.,* Erwägungen zur Lehre vom Gesetz, aaO 255–293; *A. Forster,* Gesetz und Evangelium bei Girolamo Seripando (Paderborn 1963); *L. Grane,* Contra Gabrielem. Luthers Auseinandersetzung mit Gabriel Biel in der Disputatio contra scholasticam theologiam 1517 (Kopenhagen 1962); *ders.,* Modus loquendi theologicus. Luthers Kampf um die Erneuerung der Theologie (1515–1518) (Leiden 1975) bes. 46–52; 69–72; *G. Greshake,* Gnade als konkrete Freiheit. Eine Untersuchung zur Gnadenlehre des Pelagius (Mainz 1972) bes. 93–143; 193–252; *U. Horst,* Gesetz und Evangelium. Das Alte Testament in der Theologie des Robert von Melun (Paderborn/München 1971); *M. Kroeger,* Rechtfertigung und Gesetz. Studien zur Entwicklung der Rechtfertigungslehre beim jungen Luther (Göttingen 1968); *U. Kühn,* Via caritatis. Theologie des Gesetzes bei Thomas von Aquin (Göttingen 1965); *B. Lohse,* Die Bedeutung Augustins für den jungen Luther, KuD 11 (1965) 116–135; *ders.,* Epochen der Dogmengeschichte, Stuttgart ⁴1978; *O. H. Pesch,* Theologie der Rechtfertigung bei Martin Luther und Thomas von Aquin. Versuch eines systematisch-theologischen Dialogs (Mainz 1967) 31–76; 399–452; *ders.,* Das Gesetz. Kommentar zu Thomas von Aquin, Summa Theologiae I–II 90–105 (Deutsche Thomas-Ausgabe Bd. 13) (Heidelberg/Graz 1977); *M. Seybold* u. a., Die Offenbarung. Von der Schrift bis zum Ausgang der Scholastik, in: HDG I 1a (Freiburg i. Br. 1971); *G. Söhngen,* Gesetz und Evangelium. Ihre analoge Einheit, theologisch, philosophisch, staatsbürgerlich (München 1957).

[5] Vgl. Röm 4,13–22; Gal 4,6–25. Wichtige Titel aus der unübersehbaren Literatur, in denen ein Überblick geboten und weitere wichtige Spezialliteratur verzeichnet ist: *O. Kuss,* Der Brief an die Römer, bisher 3 Lieferungen (Röm 1,1–11,36) (Regensburg 1957–1978) hier bes. 72–76; 131–154; 186–195; 241–275; *ders.,* Paulus. Die Rolle des Apostels in der theologischen Entwicklung der Urkirche (Regensburg 1971, ²1976) hier bes. 282–457; *ders.,* Nomos bei Paulus, MThZ 17 (1966) 173–227; *U. Wilckens,* Rechtfertigung als Freiheit. Paulusstudien (Neukirchen-Vluyn 1974) hier bes. 33–49; 77–109; *ders.,* Der Brief an die Römer, 3 Bde. (Zürich-Neukirchen 1978–1982) hier bes. I, 127–146; 203–243; *R. Smend/U. Luz,* Gesetz (Biblische Konfrontationen) (Stuttgart 1981). Ein Durchblick aus der Perspektive der systematischen Probleme findet sich bei *O. H. Pesch,* Gesetz und Gnade, in: F. Böckle u. a. (Hg.), Christlicher Glaube in moderner Gesellschaft, Bd. 13 (Freiburg i. Br. 1981) 23–33.

[6] Vgl. w. u. S. 91–93.

nicht von „Gesetz und Freiheit“, was zwar damals so keine geläufige Formel, wohl aber ein geläufige Fragestellung war?[7]

Nun, eine kalkulierte Neuheit ist Luthers Formel in der Tat. Wenn er ihren Gebrauch „die höchste Kunst in der Christenheit“ nennt, wenn sie für ihn, wie Gerhard Ebeling völlig zu Recht formuliert, „die Grundformel theologischen Verstehens“ wird[8], dann heißt das: wir bekommen es in ihr mit dem Ganzen der Theologie Luthers, besser: mit ihrer alles zusammenhaltenden, alles strukturierenden Mitte zu tun. Das erinnert stark an die andere, alles zusammenhaltende Grundaussage der Theologie Luthers, die er selbst als den „Artikel, mit dem die Kirche steht und fällt“, bezeichnet hat[9] und den die Lutherforschung ebenfalls die „Mitte und Grenze“ der reformatorischen Theologie Luthers nennt[10]. Und in der Tat ist die Unterscheidung von Gesetz und Evangelium der Grundriß und die formale Grundstruktur von Luthers Rechtfertigungslehre[11]. Fragen wir nach deren ekklesiologischen Folgerungen – besser: werden wir von den lutherischen Christen danach gefragt, wenn wir behaupten, in der Rechtfertigungslehre bestehe kein kirchentrennender Dissens mehr[12] –, dann muß für katholische Kontroverstheologie auch die

---

[7] Vgl. bei Paulus Röm 7,1–6; 8,2 in Verbindung mit 2 Kor 3,17; zum diesbezüglichen Streit zwischen Augustinus und Pelagius vgl. *Greshake* aaO (s. Anm. 4); bei Thomas vgl. etwa Summa Theologiae I–II 108,1 obj. 2 und ad 2; auch 107,4; zum gleichen Thema bei Luther vgl. *W. Joest,* Gesetz und Freiheit. Das Problem des Tertius usus legis bei Luther und die neutestamentliche Parainese (Göttingen [4]1968).

[8] Vgl. *G. Ebeling,* Luther. Theologie, RGG IV (1960) 495–520, hier: 507.

[9] WA 40 III, 352,3 – zu Ps 130,4, der für Luther der Inbegriff der Rechtfertigungslehre ist (1538); vgl. auch die berühmten Sätze in den Schmalkaldischen Artikeln (1536), WA 50, 199, 22ff. = BSLK 415,21–416,6 (s. w. o. S. 14). Weitere gleichsinnige Texte bei *Pesch,* Theol. der Rechtfertigung (s. Anm. 4) 154f.; vgl. 152–1159.

[10] So *E. Wolf,* Die Rechtfertigungslehre als Mitte und Grenze reformatorischer Theologie, in: ders., Peregrinatio II: Studien zur reformatorischen Theologie, zum Kirchenrecht und zur Sozialethik (München 1965) 11–21 (geschrieben 1949); vgl. auch *ders.,* Sola gratia? Erwägungen zu einer kontroverstheologischen Formel, in: *ders.,* Peregrinatio I: Studien zur reformatorischen Theologie und zum Kirchenproblem (München [2]1962) 113–134. Zur Sache vgl. jetzt auch *O. H. Pesch/A. Peters,* Einführung in die Lehre von Gnade und Rechtfertigung (Darmstadt 1981) 119–130 (A. Peters), sowie jetzt *O. H. Pesch,* Hinführung zu Luther (Mainz 1982) 265–267 und weiter oben die Erste Studie.

[11] Vgl. *Pesch,* Theol. der Rechtfertigung (s. Anm. 4) 31–35 – dort der Forschungsstand.

[12] Dafür steht exemplarisch das kritische Buch von *G. Maron,* Kirche und Rechtfertigung. Eine kontroverstheologische Untersuchung, ausgehend von den Texten des Zweiten Vatikanischen Konzils (Göttingen 1969).

Unterscheidung von Gesetz und Evangelium zur ekklesiologischen Herausforderung werden. Und umgekehrt: Gelingt es uns, über die ekklesiologischen Konsequenzen der Unterscheidung von Gesetz und Evangelium Verständigung zu erzielen, dann ist die Gefahr gebannt, daß wir uns über den Konsens in der Rechtfertigungslehre Selbsttäuschungen hingeben. So haben wir unser Thema.

Wir müssen nun logischerweise folgendes tun: Wir haben uns zunächst auf den Sachsinn der Unterscheidung zu besinnen (I.). Das ist nicht überflüssig, denn mit gutem Grund hat man mit Blick auf die *evangelische* Lutherforschung von einer „schier hoffnungslosen Diskussion“ in dieser Sache gesprochen[13]. Danach werden wir erläutern müssen, worin die ekklesiologische Herausforderung dieser Formel besteht (II.). Schließlich muß von der ekklesiologischen Antwort der katholischen Tradition auf Luthers Herausforderung die Rede sein, denn diese löst nicht nur Probleme, sondern schafft auch solche, und die katholische Tradition ist da nicht ohne Gegenargument (III.). Jeder Teil gliedert sich naturgemäß noch einmal in einige Teilschritte.

I. Der Sinn der Unterscheidung von „Gesetz und Evangelium“

1. Zur historischen Entstehung der Formel

Am 4. September 1517, wenige Wochen vor Beginn des Ablaßstreites, leitete Luther als Dekan der Wittenberger Theologischen Fakultät die Promotionsdisputation von Franz Günther aus Nordhausen, die als „Disputation gegen die scholastische Theologie“ in die Kirchengeschichte eingegangen ist und zu der Luther die Thesen aufgestellt hatte[14]. In diesem, für Luthers theologisches Selbstverständnis am Vorabend der Reformation nicht hoch genug einzuschätzenden Dokument[15] lauten die Thesen 58–61: „Gefährlich ist diese Rede-

---

[13] So *Ebeling,* Erwägungen zur Lehre vom Gesetz (s. Anm. 4) 255. *E. Wolf,* Peregrinatio II (s. Anm. 10) 22, spricht vom „Irrgarten der Lehre von Gesetz und Evangelium“.

[14] WA 1, 224–228. Vgl. dazu die Untersuchung von *Grane,* Contra Gabrielem (s. Anm. 4).

[15] Vgl. *Pesch,* Hinführung zu Luther (s. Anm. 10) 71–79. In einem Brief von Johann Lang vom gleichen Tag bietet Luther an, die Thesen auch in Erfurt und Nürnberg zu diskutieren, weil ihm der „Winkel“ („angulus“) der mickrigen („vilis“) Universität Wittenberg der Wichtigkeit der Sache nicht angemessen schien: WA Br 1, 103, 7.

weise: ‚Das Gesetz gebietet, daß der Akt des Gebotes in der Gnade Gottes geschehe! Daraus folgt, daß ‚die Gnade Gottes haben' eine neue Forderung über das Gesetz hinaus ist. Ebenfalls folgt daraus, daß der Akt des Gebotes ohne die Gnade Gottes geschehen *kann*. Desgleichen folgt daraus, daß die Gnade Gottes hassenswerter wird, als es selbst das Gesetz war." Der Text stellt zunächst klar: Das Gesetz ist eine negative Größe – es ist „hassenswert". Es soll anderseits erfüllt werden. Offenbar wird es eben in diesem Vorgang hassenswert. Denn ohne die Kraft der Gnade kann es nicht erfüllt werden – ohne sie wird es also zur permanenten Überforderung, fast möchte man modern sagen: zur permanenten Frustration[16]. Wenn man nun, argumentiert Luther, das „Haben" der Gnade Gottes seinerseits, wie es der zitierte Satz voraussetzt, zur Forderung erhebt, dann redupliziert man nicht nur das Ausgangsproblem, man pervertiert auch das Wesen der Gnade. Wenn man von der Gnade nicht so redet, daß sie als das dem Gesetz gegenüber ganz Andere erscheint, redet man „gefährlich" – man weiß am Ende nicht mehr, wieso der christliche Glaube etwas anderes ist als der Glaube Israels an das Gesetz[17].

Von „Gesetz und Evangelium" ist hier noch nicht die Rede. Dem Gesetz steht als sein Widerpart die „Gnade" gegenüber, die auf keinen Fall selber „vergesetzlicht" werden darf. Mit diesem Einspruch ist Luther – wie er meint: gegen die gesamte scholastische Theologie, in Wahrheit, wie wir heute wissen, vor allem gegen die „via moderna" des Nominalismus, gegen Ockham, Pierre d'Ailly und ihren damals schon klassischen Erben, Gabriel Biel[18] – auf Augustinus

---

[16] Vgl. dazu auch die Thesen 6–9; 13–30; 63–67; 77–79; 83–84; 86–89.

[17] Es ist klar, daß damit das Selbstverständnis des Judentums in bezug auf das Gesetz nicht zutreffend beschrieben ist. Der Einspruch richtet sich hier zusammen mit Paulus auch gegen Luther. Vgl. *S. Ben-Chorin,* Paulus (München 1970); *ders.,* Jüdischer Glaube (Tübingen 1975) bes. 145–276; *ders.,* Die Tafeln des Bundes (Tübingen 1979); *H. J. Schoeps,* Paulus. Die Theologie des Apostels im Lichte der jüdischen Religionsgeschichte (Tübingen 1959). Vgl. jetzt auch *J. Maier/J. J. Petuchowski/Clemens Thoma,* Judentum und Christentum, in: Böckle u.a. (Hg.), Christlicher Glaube (s. Anm. 5) Bd. 26, 127–168.

[18] In der „Disputatio contra scholasticam theologiam" tragen zahlreiche Thesen den Vermerk: „Contra Gabrielem" – daher der Titel der gleichnamigen Untersuchung von Grane (s. Anm. 4). Der Sentenzenkommentar des Gabriel Biel, das sog. „Collectorium", war das Handbuch, anhand dessen Luther Theologie studierte. Zur Theologie Biels vgl. außer Grane vor allem *H. A. Oberman,* Spätscholastik und Reformation I: Der Herbst der mittelalterlichen Theologie (Zürich 1965) (engl. unter dem Titel: The Harvest of Medieval Theology. Gabriel Biel and Late Medieval Nominalism, Cam-

und Paulus zurückgegangen. Die Disputationsthesen sind ein geradezu programmatischer Versuch, *dem* „Lehrer der Gnade" im Abendland, Augustinus, wieder zu dem ihm gebührenden Ehrenplatz in der Theologie zu verhelfen – übrigens im Zusammenhang einer Studienreform, für die damals die gesamte Wittenberger Fakultät gemeinsam einstand[19].

Knapp 30 Jahre später blickt der alte Luther im Vorwort zum 1545 erschienenen 1. Band seiner lateinischen Schriften auf seinen theologischen Werdegang zurück. Er schreibt dieses berühmte „große Selbstzeugnis" nicht zuletzt deswegen, weil der 1. Band seine „vorreformatorischen" Schriften enthält und Luther die Leser warnen und gleichzeitig um Verständnis bitten will, daß er damals noch so „papistisch" gedacht habe[20]. Jetzt, in der Rückschau, sieht Luther die Sache so, daß alle Probleme am korrekten Verständnis der „Gerechtigkeit Gottes" bei Paulus in Röm 1,17 hängen. Durch die Tradition habe er sich genötigt gefühlt, die „iustitia dei", von der der Apostel spricht, als aktive, strafende Gerechtigkeit Gottes zu verstehen. Dann aber muß man sich doch fragen: „Soll es denn nicht genug

---

bridge Mass. 1963); II: Werden und Wertung der Reformation. Vom Wegestreit zum Glaubenskampf (Tübingen 1977); und *W. Dettloff,* Die Entwicklung der Akzeptations- und Verdienstlehre von Duns Scotus bis Luther mit besonderer Berücksichtigung der Franziskanertheologen (Münster 1963) 353–361.

[19] Zum „Augustinismus" Luthers sind die wichtigsten und immer wieder heranzuziehenden Untersuchungen *K. Bauer,* Die Wittenberger Universitätstheologie und die Anfänge der deutschen Reformation (Tübingen 1928); *A. Hamel,* Der junge Luther und Augustin. Ihre Beziehungen in der Rechtfertigungslehre nach Luthers ersten Vorlesungen 1509–1518 untersucht, 2 Bde. (Gütersloh 1934/35); *E. Iserloh,* Sacramentum et exemplum. Ein augustinisches Thema lutherischer Theologie, in: E. Iserloh/K. Repgen (Hg.), Reformata Reformanda. Festgabe für Hubert Jedin, 2 Bde. (Münster 1965) I, 247–264; *B. Lohse,* Die Bedeutung Augustins für den jungen Luther, KuD 11 (1965) 116–135; und die beiden in Anm. 4 genannten Arbeiten von *L. Grane.* Zur Wittenberger Fakultät und zur dortigen Studienreform vgl. jetzt *Pesch,* Hinführung zu Luther (s. Anm. 10) 48–79; dort die Spezialliteratur.

[20] Zu den Problemen des „großen Selbstzeugnisses" und damit zur Diskussion um Luthers „reformatorische Wende" vgl. *Pesch,* aaO 80–98 – dort Hinweise auf die Literatur; Dokumentation der wichtigsten Beiträge der Forschungsgeschichte bei *B. Lohse* (Hg.), Der Durchbruch der reformatorischen Erkenntnis bei Luther (= Wege der Forschung Bd. 123) (Darmstadt 1968), darin mein Diskussionsbericht: Zur Frage nach Luthers reformatorischer Wende. Ergebnisse und Probleme der Diskussion um *Ernst Bizer,* Fides ex auditu, aaO 445–505; ein Fortsetzungsbericht über neuere Beiträge seit 1966, dem Endpunkt des damaligen Berichtes, ist in Vorbereitung und soll 1983 in der Catholica erscheinen. Vgl. einstweilen die Angaben bei *B. Lohse,* Martin Luther. Eine Einführung in sein Leben und sein Werk (München 1981, ^{2}1982) 205.

sein, daß die elenden, durch die Erbsünde ewig verdammten Sünder mit allerlei Unheil bedrückt sind durch das Gesetz des Dekalogs? Muß denn Gott noch durch das *Evangelium* Leid an Leid fügen und uns auch durch das Evangelium mit seiner Gerechtigkeit und seinem Grimm bedrohen?"[21]

Wie schon 1517 ist auch hier das Gesetz eine negative Größe. Aber jetzt steht ihm das *Evangelium* gegenüber – das die „Gerechtigkeit Gottes" offenbart. Man darf das *Evangelium* nicht „vergesetzlichen", es nicht als eine Art „Gesetz in Potenz" verstehen. Sonst ist „Leid an Leid" die Folge, und man kann nicht mehr begreifen, wieso es *Heil* und nicht Unheil bedeutet, an das Evangelium zu glauben.

Von der augustinisch verstandenen „Gnade" zum „Evangelium" – das ist auch der Weg, auf dem unsere Formel entsteht und Festigkeit gewinnt. 1517 ist dieser Weg offenbar noch nicht zu Ende gegangen. Die Erfahrungen mit der augustinischen Gnadenlehre haben Luther den Eindruck vermittelt, daß man auf diesem Wege der „Vergesetzlichung" noch nicht wirksam genug vorbeugen kann. Deshalb die kalkulierte Neuheit der Formel. Nun hat sich seit geraumer Zeit die Überzeugung verbreitet – vor allem durch die Forschungen von Heinrich Bornkamm und Gerhard Ebeling[22] –, daß Luther seit seinen frühesten Äußerungen bereits auf der Spur der Sachaussage unserer Formel ist, konkret also: sich bereits in der „höchsten Kunst in der Christenheit" übt, ohne es selbst schon genau zu wissen. Man verweist dabei vor allem auf Luthers Handhabung der sogenannten „tropologischen Methode" bei der Auslegung der Psalmen in seiner ersten Psalmenvorlesung („Dictata super Psalterium")[23] – die Psalmen reden prophetisch von Christus, und was von Christus gilt, ist dem Christen im Glauben zugesprochen – sowie auf den wachsenden Einfluß von Augustins Unterscheidung

---

[21] WA 54, 185,25.

[22] Vgl. v. a. *H. Bornkamm,* Zur Frage der iustitia dei beim jungen Luther, I, ARG 52 (1961) 16–29; II, ARG 53 (1962) 1–60, hier: II, 20f.; 57, abgedruckt bei *Lohse* (Hg.), Der Durchbruch (s. Anm. 20) 289–383, hier: 332; 381; *G. Ebeling,* Die Anfänge von Luthers Hermeneutik, in: *ders.,* Lutherstudien I (Tübingen 1971) 1–68, hier: 42–51, bes. 49ff.; *ders.,* Luther. Einführung in sein Denken (Tübingen 1964 u.ö.) 120f.

[23] So vor allem *Ebeling* ebd. Zur „tropologischen Methode" vgl. auch *A. Brandenburg,* Gericht und Evangelium (s. Anm. 4) 55–59, und *Pesch,* Hinführung (s. Anm. 10) 60–62 zur dahinterstehenden Methode der Auslegung nach dem „vierfachen Schriftsinn" vgl. *Pesch,* Das Gesetz (s. Anm. 4) 682–716.

von „Buchstabe und Geist“ (spiritus et littera), die Luther spätestens seit Herbst 1514 auch durch Originallektüre der gleichnamigen Schrift Augustins kennt[24]. Das vollzieht sich zunächst noch parallel neben einer Gnadenlehre – wenn man bei Luther von einer solchen sprechen will –, die als solche noch wörtlich aus Augustinus abgeschrieben sein könnte. Wie aber kommt es von der bereits vorhandenen Sache zur neuen *Formel?* Hier haben die Arbeiten einiger jüngerer Lutherforscher neue Beobachtungen gesammelt – vor allem Matthias Kroeger und Oswald Bayer[25] – und dabei auch gewisse Korrekturen an der älteren Forschung angebracht. Auf dem gegenwärtigen Stand der Forschung sieht das Bild etwa so aus:

Schon der junge Luther kennt und verwendet natürlich den Begriff „evangelium“. Er ist aber hier noch nicht der Gegenbegriff zum Gesetz. Vielmehr verbindet ihn Luther mit dem Begriff der „Demut“ (humilitas) – weshalb man auch gern diese Frühtheologie Luthers als „Demutstheologie“ bezeichnet. Diese „Demut“ aber versteht schon der junge Luther nicht mehr, wie üblich, als die besondere „Standestugend“ des Mönchs, vielmehr zeigt sich seine frühe Originalität darin, daß der im Chorgebet die Psalmen singende Luther die „humilitas“ mit dem in den Psalmen immer wieder auftauchenden Begriff des „iudicium“, des Gerichtes, des Gerichtsurteils zusammenbringt. Demut ist nicht „Verdemütigung“ (vor Menschen, vor den Mitbrüdern im Kloster, vor den Oberen), sondern heißt: sich unter *Gottes* Gericht beugen, seinem „Urteil“ rechtgeben – festgemacht besonders an der Auslegung von Ps. 51,6: „... damit du gerechtfertigt wirst in deinen Worten“. Dadurch wird der Mensch wahr vor Gott und damit gerecht – und das, dieser Weg, ist das Evangelium. Selbstvernichtung durch Sich-Vernichten-Lassen von Gott und dadurch in Wahrheit leben – das ist das Evangelium.

Diese harte These ist nun gewiß das Ende aller menschlichen Selbstsicherheit vor Gott, und zu Zeiten wo solche Selbstsicherheit besonders im Verzug war, hat man diese frühlutherische Auffassung geradezu als die letzte Pointe seiner Rechtfertigungslehre gefeiert[26].

---

[24] Vgl. *B. Lohse* in dem in Anm. 19 genannten Aufsatz.

[25] Vgl. *Kroeger,* Rechtfertigung und Gesetz (s. Anm. 4) 69–71; 158–160; 234f.; *O. Bayer,* Promissio. Geschichte der reformatorischen Wende in Luthers Theologie (Göttingen 1971) 206–212.

[26] Wichtige und in diesem Zusammenhang immer wieder zitierte Stimmen aus den

Aber es konnte dabei nicht bleiben. Ein Indiz, warum, finden wir in der mehrfachen Beteuerung Luthers, auch seiner Demut könne man sich ja noch rühmen, und das sei ihr Ende[27]. Der nächste Schritt ist dann die Entdeckung des Begriffs der „promissio", der „Verheißung" – mit der Gott auf die Selbstanklage des Sünders antwortet. Diese Verheißung setzt Luther schon in der Römerbriefvorlesung mit dem Evangelium gleich[28]. Aber er versteht sie bzw. das Evangelium als Nachricht von Christus, die in Erfüllung geht bzw. in Erfüllung gegangen ist. Das ist zwar ganz auf der Linie von Paulus – aber gerade so noch nicht der spezifisch lutherisch-reformatorische Gedanke[29]. Erst wenn aus der heilsgeschichtlich erfüllten Verheißung das existentiell jederzeit zuzusprechende Evangelium wird, das das ebenso jederzeit geltende Gesetz jederzeit beendet und überwindet, kann die „höchste Kunst in der Christenheit" beginnen. Dies geschieht erst nach dem 4. September 1517 – aber nicht sehr lange danach. In der Hebräerbrief-Vorlesung – die Oswald Bayer mit guten Gründen ganz auf das Jahr 1518 verlegt[30] – ist es so weit, und in dem

---

30er Jahren sind *E. Vogelsang,* Die Anfänge von Luthers Christologie nach der ersten Psalmenvorlesung (Berlin 1929); *ders.,* Der confessio-Begriff des jungen Luther 1513–1522, Luther-Jahrb. 12 (1930) 91–108; *ders.,* Der angefochtene Christus bei Luther (Berlin – Leipzig 1932); *H.-J. Iwand,* Rechtfertigungslehre und Christusglaube. Eine Untersuchung zur Systematik der Rechtfertigungslehre Luthers in ihren Anfängen (Leipzig 1930, Neudruck München – Darmstadt 1961); *E. Seeberg,* Die Anfänge der Theologie Luthers, ZKG 54 (1934) 229–241, abgedruckt in: *ders.,* Luthers Theologie. Motive und Ideen, II: Christus. Wirklichkeit und Urbild (Stuttgart 1937) 4–16.

[27] Vgl. z.B. WA 3, 290,23–34 (Erste Psalmenvorlesung, 1513–1515); 462,29ff.; 4, 273,14ff. (ebd.); 56, 247,11ff. (Römerbriefvorlesung, 1515/16); 1, 65,1ff. (Predigt, 1516); 5, 564,30 (Zweite Psalmenvorlesung, 1519–1521); 7, 561,32; 562,5.19.32; 563,31 (Magnificat-Auslegung, 1521).

[28] Minutiöse Analyse der Texte bei *Kroeger,* aaO (s. Anm. 4) 41–49.

[29] Vgl. die Literaturhinweise zu Paulus in Anm. 5. Zu Luther und Paulus in dieser Sache vgl. die in Anm. 7 genannte Arbeit von *Joest;* ferner *Ebeling,* Erwägungen zur Lehre vom Gesetz (s. Anm. 4) 263–277; *P. Bläser,* Gesetz und Evangelium, Catholica 14 (1960) 1–23, hier: 7–20; allgemeiner *B. Lohse,* Lutherdeutung heute (Göttingen 1968) 19–32.

[30] Vgl. *Bayer,* aaO (s. Anm. 25) 203–205; *M. Brecht,* Martin Luther. Sein Weg zur Reformation 1483–1521 (Stuttgart 1981) 130, äußert vorsichtige Zustimmung, während *Grane,* Modus loquendi theologicus (s. Anm. 4) 152f. skeptisch ist und hinter Bayers neuer Datierung das Interesse seiner Spätdatierung des reformatorischen Durchbruchs wirksam sieht. Es geht dabei um die Bewertung des berühmten Scholions zu Heb 5,1: WA 57 (Heb) 169–171, das nach *Kroeger,* aaO 166–176, und *Bayer,* aaO 206–212, klar den neuen Sinn von „promissio" formuliert und damit den Sachsinn der Formel von „Gesetz und Evangelium" (erstmals) ausspricht.

anschließenden sogenannten „kleinen" Galaterkommentar von 1518 ist die entsprechende Reflexion auf den Begriff der „Verheißung" gar nicht mehr zu umgehen. „Gesetz und Evangelium" ist jetzt eine feste Formel[31]. Bewirkt hat das wahrscheinlich – den Streit darum wird man wohl nie endgültig entscheiden können – das, was man die „Entdeckung" des Wortes als Heilsmittel nennen könnte[32] und die sich in den Fragen, die Luther durch das Augsburger Verhör durch Kardinal Cajetan im Oktober 1518 gestellt waren, endgültig gefestigt haben muß[33].

Was das Frühwerk mit der reformatorischen Theologie Luthers verbindet, ist der Grundgedanke vom Handeln Gottes im Gegensatz: Gott richtet auf, indem er vernichtet; Gott macht lebendig, indem er tötet[34]. Aber eben das Vernichten und Töten ist anfangs das Werk des Evangeliums selbst in seiner Identität mit dem Gericht Gottes. Nach 1518 ist das Vernichten und Töten das Amt des Gesetzes – der Zuspruch des Evangeliums ist reines Aufrichten und Lebendigmachen – als lebenslanges Gegengeschehen gegen das Gesetz, und der „Ort" dieses Gegengeschehens ist der Glaube. Nur im *Unterschied* zum tötenden Gesetz und im Einspruch gegen jede Vermengung ist das Evangelium zu verstehen. Das eigentliche Problem – damals wie heute – lautet daher: Was ist denn das für ein „Gesetz", das solche Wirkungen hervorbringt und solche Folgen hat? Damit sind wir bei der Frage nach dem Sachsinn der Formel.

---

[31] Vgl. 2,466,3 ff. (Kleiner Galaterkommentar 1519). Damit haben wir den Anschluß an die eingangs zitierten frühreformatorischen Texte.

[32] So die These von *E. Bizer,* Fides ex auditu. Eine Untersuchung über die Entdeckung der Gerechtigkeit Gottes durch Martin Luther (Neukirchen 1958, ³1966), die den neuen Schub der Diskussion um Luthers reformatorische Wende auslöste (vgl. die Angaben w.o. in Anm. 20). Dem Sachgehalt der These Bizers stimme ich zu – auch den Präzisierungen durch seinen Schüler *O. Bayer,* aaO –, nicht jedoch den damit verbundenen Urteilen über die Theologie des jungen Luther, die sich, wie Kroeger und Bayer gezeigt haben, nicht so schroff gegen die des „reformatorischen" Luther abgrenzen läßt.

[33] Der Kürze halber sei verwiesen auf *Pesch,* Hinführung (s. Anm. 10) 103–115 – dort die Spezialliteratur über dieses für Luthers Selbstpräzisierung gar nicht hoch genug einzuschätzenden Verhörs.

[34] Texte, Interpretation und Literatur zu diesem zentralen und durchgehenden Gedanken Luthers bei *Pesch,* Theol. der Rechtfertigung (s. Anm. 4) 204–223; *ders.,* Hinführung (s. Anm. 10) 144–147.

2. Radikalisierung des Gesetzes zur Profilierung des Evangeliums

In keinem Augenblick seiner Lehrtätigkeit hat Luther je die Überzeugung der christlichen Tradition in Zweifel gezogen, daß das „Gesetz“ der promulgierte Wille Gottes über den Menschen ist. Er ist sogar ganz sicher, wo dieser promulgierte Wille Gottes zu finden ist, nämlich vor allem im Dekalog als der Zusammenfassung aller Gebote Gottes. Der Dekalog ist sogar auch nach Luthers Überzeugung identisch mit dem „natürlichen Gesetz“ und also in seinen Forderungen dem Menschen „ins Herz geschrieben“. Darum gilt er auch vor und unabhängig von der Gesetzgebung des Mose und ist durch diesen ebenso wie durch Christus selbst nur eingeschärft worden, weil durch die Sünde die Einsicht des Menschen verdunkelt und sein Wille vergiftet waren. Luther kann hier reden wie ein rechter Scholastiker, und zwar in allen Etappen seiner Lehrentwicklung[35].

Nun hat aber Luther von Paulus gelernt, daß so vom Gesetz zu reden zwar richtig ist, aber unrealistisch. Man redet dabei an der Bedeutung des Gesetzes für den konkreten Menschen – nach dem Sündenfall! – vorbei, man redet „für die Engel“, aber für den Menschen ist solche Rede „leer“[36]. Was geschieht denn, wenn der Mensch dem Gesetz begegnet? Er sieht sich vor viele Forderungen gestellt – und Luther kann vor allem in der Predigt vom Gericht und im Licht der biblischen Aussagen über das Endgericht sehr konkret von den einzelnen Forderungen Gottes an den Menschen reden[37]. Aber wer erfüllt diese Forderungen Gottes denn wirklich? Und selbst wenn es einem Menschen gelänge, sie alle zu befolgen, er müßte ehrlich zugeben, daß es ihn große Anstrengung kostet; daß er immer seinen

---

[35] Klassische Stellen: 2, 580,7–23; 17 II, 102,8; 39 I, 352,5; 374,2; 402,14; 413,14; 454,4; 539,7; 540,8. Zum Folgenden vgl. die Darstellungen bei *Ebeling,* Erwägungen zur Lehre vom Gesetz (s. Anm. 4); *ders.,* Luther (s. Anm. 22) 120–156; *P. Althaus,* Die Theologie Martin Luthers (Gütersloh ²1963) 218–238; *ders.,* Die Ethik Martin Luthers (Gütersloh 1965) 32–42; *Joest* aaO (s. Anm. 7); *Pesch,* Theol. der Rechtfertigung (s. Anm. 4) 35–76; vgl. auch *ders.,* Gesetz und Evangelium. Luthers Lehre im Blick auf das moraltheologische Problem des ethischen Normenzerfalls, ThQ 149 (1969) 313–335; und *ders.,* Das Gesetz (s. Anm. 4) 664–678.

[36] WA 39 I, 434,1. Hier wie im Folgenden nur „loci classici“. Weitere Texte in den in Anm. 35 genannten Arbeiten.

[37] Z. B. WA 7,207 ff.; 6, 231,35; 242,22. Vgl. auch den Kommentar zu den Zehn Geboten im Großen Katechismus!

Widerwillen überwinden muß; daß ihm „affectus“ und „spontanea voluntas“ fehlen; daß er nur „knechtlich“ (serviliter) den Willen Gottes tut und keineswegs aus Dank und in reiner Hingabe, wie es sein äußeres Verhalten glauben machen könnte[38]; ja daß das Gesetz ihm regelrecht sein gutes Handeln „abpressen“ muß[39]. Welchen anderen Sinn kann das haben als den, daß der Mensch glaubt, dadurch vor Gott gerecht werden zu sollen und sich daher nolens volens die Erfüllung des Willens Gottes abzwingen zu müssen? Da das aber chronisch scheitert, da der Mensch Hingabe niemals abzwingen kann, weder sich selbst noch anderen, muß er schließlich verzweifeln und Gott hassen, der ein solch überforderndes Gesetz gegeben hat – das Gesetz wird „hassenswert“[40]. So macht sich Luther seinen Reim auf die befremdlichen Worte des Apostels, daß das Gesetz „Zorn anrichtet“, ja „tötet“ (Röm 4,15; 7,10f.). Denn es erweist sich ja bei dem Versuch seiner Befolgung gar nicht als Wegweisung, es eröffnet gar keine Möglichkeiten der Gerechtigkeit, vielmehr klagt es den Menschen an und läßt ihn erkennen, wie sehr er vor Gottes Willen versagt hat und noch ständig versagt. Es macht ihm klar, daß er nicht nur einzelne Tatsünden begeht, es überführt ihn seiner, noch unter dem äußeren Gehorsam verborgenen radikalen Sündigkeit.

Das Evangelium überwindet dieses hassenswerte Gesetz. Es ist Nachricht von Jesus Christus, der durch seine vollkommene Gesetzeserfüllung Genugtuung für alles Versagen der Menschen vor Gottes Gebot geleistet und dadurch für alle Zukunft die Menschen von der Forderung befreit hat, durch Erfüllung des Gesetzes vor Gott gerecht werden zu müssen[41]. Diese Nachricht ist darum mehr als Information. Sie ist – durch ihren eigenen Inhalt – Zuspruch. „Das Gesetz

---

38 Vgl. WA 39 I, 540,8; 40 I, 257,22. – 6, 353,15; 1, 227,26; 376,26; 2, 587,27; 7, 335,6; und schon in der Römerbriefvorlesung: 56, 200,13; 253,25; 255,4; 274,11; 289,15; 242,33; 249,9.

39 WA 2, 492,23.

40 WA 39 I, 557–559; 2, 527,35; 5, 210,1; 557f.; 10 I 1, 453,2; 464,2.

41 Vgl. WA 56, 260,18; 1, 505,24; 2, 466,14; 479,28; 490,32; 492,17; 497,28; 523,15; 563,35; 10 I 1, 74,7; 17 II, 240,24; 291,19; 31 I, 317,7; 39 I, 357,19. – Es ist wichtig, beim Stichwort „Evangelium“ diesen präzisen christologischen „Inhalt“ stets mitzudenken, andernfalls gerät man in eine abstrakte Theorie von einem „doppelten Wort Gottes“, die man aus systematischen Gründen auszuarbeiten für sinnvoll halten mag, die aber mit dem wirklichen Luther so wenig zu tun hat, wie ein Verständnis vom „Gesetz“, das vergißt, daß Luther damit ganz konkret den Dekalog und die Sittengebote des Alten (und Neuen!) Testamentes meint.

sagt: Tu, was du schuldig bist! Das Evangelium sagt: Deine Sünden sind dir erlassen."[42] „Das Evangelium ist seiner eigentlichen Wesensbestimmung nach Verheißung von Christus, welche von den Schrecken des Gesetzes, von Sünde und Tod befreit, und Gnade, Vergebung der Sünden, Gerechtigkeit und ewiges Leben bringt."[43] Man wird jetzt nicht mehr gerecht, indem man Gebote erfüllt, sondern indem man an Christus glaubt. Im Glauben an Christus ist das Gesetz außer Kraft gesetzt – durch Gott selbst, der uns Christus geschenkt hat. Gott rettet „contra legem", gegen sein eigenes Gesetz, den Sünder[44]. Mit nichts kann man daher das Evangelium schlimmer verfälschen, als indem man es zum „Neuen Gesetz" macht, und mit nichts kann man Christus mehr verkennen, als indem man in ihm einen neuen Moses sieht, einen Gesetzgeber. „So lange, spricht Christus, muß das Gesetz euer Gewissen schrecken und verstören, bis Johannes kommt, der das Lamm zeigt, das die Sünden der Welt hinwegnimmt. Ist dieses da, erkannt und aufgenommen, dann muß ich allen Gesetzen, die mich anklagen, ein langes Lebewohl sagen, auch sogar dem Dekalog."[45] Und ganz Originalton Luther: „Wo Christus ist, da soll der alte Bauer Mose weichen."[46] Den paulinischen Gedanken von Christus als dem Ende des Gesetzes kann Luther daher in den Umkehrschluß verwandeln: „Lex est negatio Christi" – „Das Gesetz ist Leugnung Christi."[47]

Bis hierhin scheint nun alles doch eher harmlos. Ist denn Luther der erste in der Theologiegeschichte, der von den Äußerungen des Apostels Paulus über das Gesetz befremdet ist? Hat er sie wirklich als erster vollends ernst genommen? Natürlich nicht! Ein Blick in die Theologie des Thomas von Aquin genügt, um eines Besseren zu belehren[48]. Und das Ergebnis ist dasselbe: Für sich allein genommen wirkt das Gesetz Unheil und Tod. Aber in *einer* Hinsicht geht Luther über die Tradition hinaus. Mit der Tradition spürt auch Luther das

---

[42] WA 2, 466,8.
[43] WA 39 I, 387,2.
[44] WA 39 I, 219,21.
[45] WA 39 I, 455,3.
[46] WA 40 I, 262,9.
[47] 40 II, 18,4.
[48] Vgl. dazu *U. Kühn,* Via caritatis (s. Anm. 4); *Pesch,* Theol. der Rechtfertigung (s. Anm. 4) 413–451; *ders.,* Das Gesetz, bes. 593–679, bes. 594f.; 640–664.

Problem, das für das Gottesbild entstehen muß, wenn Gottes eigenes Gesetz nur noch tiefer in die Sünde treibt, ja in den Gotteshaß – aber er löst es anders. Die Tradition erweckt hier, um das Gottesbild zu schützen, konkret: um Gott von der Verantwortung für die Sünde freizuhalten, den Eindruck einer Abschwächung. Das Gesetz wirkt Sünde und Tod nicht „wirksam", sondern „durch Gelegenheit" (nicht „effective", sondern „occasionaliter")[49]. Schuld an der Todeswirkung des Gesetzes hat darum nicht Gott, sondern der Mensch, der das Gesetz zur Sünde mißbraucht. Bis in die moderne lutherisch-reformierte Debatte um Karl Barths Schrift „Evangelium und Gesetz"[50] zieht sich dieser Grundgedanke: Nur menschlicher Mißbrauch, nicht Gottes Wille macht das Gesetz zum Unheilsfaktor. Eben diese Sorge teilt Luther nicht – und *wenn* man sagen kann, er habe in dieser Sache Paulus ernster genommen als die Tradition, dann aus diesem Grunde. Zwar ist auch Luther der Meinung, es sei menschlicher Mißbrauch, wenn der Mensch das Gesetz als Weg zur eigenen Gerechtigkeit vor Gott in Anspruch nimmt[51]. Aber daß es dahin kommt, ist Gottes Absicht – nicht die Intention des Gesetzes, denn dieses will seinem Wortlaut nach Erfüllung aus Hingabe, aber Intention Gottes mit seinem Gesetz, nicht nur Zulassung. Er will durch die buchstäblich gnadenlose Festschreibung seines Willens den Menschen in die Verzweiflung treiben, er will den Selbstbehauptungskrampf des Menschen am Gesetz scheitern lassen, selbst um den Preis, daß der Mensch noch tiefer in Auflehnung gegen Gott versinkt. Er will dies freilich nicht um der Sünde und Verzweiflung selbst willen – sondern damit der Mensch begreifen kann, was ihm im Evangelium geschenkt wird. Wie man nur begreift, was Leben ist,

---

[49] Vgl. *Thomas,* Summa Theologiae I–II 98,1 ad 2; 99,2 ad 3.

[50] *K. Barth,* Evangelium und Gesetz (München 1935, ^{2}1956, Reprint 1980). Die Debatte um Barths Auffassung ist dokumentiert in *E. Kinder/K. Haendler* (Hg.), Gesetz und Evangelium. Beiträge zur gegenwärtigen theologischen Diskussion (= Wege der Forschung Bd. 142) (Darmstadt 1968). Angesichts der für einen lutherischen Theologen kaum nachvollziehbaren These Barths, das Gesetz sei die *Form* des Evangeliums, sofern dieses Gehorsam fordere, ist es nicht so verwunderlich, daß sich *G. Söhngen,* Gesetz und Evangelium (s. Anm. 4), mit Barth leicht verständigen konnte, weil sich in der Tat mühelos aufweisen läßt, daß die katholische Tradition (Augustinus, Thomas!) das Evangelium zwar als „neues Gesetz", aber eben darin als *Gnade* versteht.

[51] Vgl. etwa WA 39 I, 428, 14; 581, 9; 40 I, 399, 18; 419, 13; 40 II, 452, 18; 40 III, 343, 4.21; auch 5, 395,6 und schon 56, 68, 13.

wenn man den Tod vor Augen hat, so begreift man das freisprechende Evangelium und die befreiende Kraft des Glaubens nur, wenn man den Fluch des Gesetzes gespürt hat. Bei dieser Auffassung, die es niemals erlaubt, das Gesetz, obzwar der erklärte Wille Gottes, als Segen zu verstehen, ist die Lutherforschung gegenüber Karl Barth eisern verblieben[52]. Aus der Sicht des Evangeliums ist kein anderes Urteil über das Gesetz möglich. Und sollten dabei Probleme für das Gottesbild entstehen, so sind sie nach Luther eben Gottes Problem, nicht aber ein Problem unseres Gesetzesverständnisses.

Dies Luther einmal zugestanden: ist dann die Harmlosigkeit beseitigt, der Eindruck des übertriebenen Pathos bei der Unterscheidung von Gesetz und Evangelium verflogen? In der deutschen Adventspostille von 1521 schreibt Luther zum Evangelium des dritten Adventssonntags: „Darum ist wohl und mit Fleiß zu merken, daß Gott zweierlei Wort oder Predigt in die Welt hat von Anbeginn allzeit gesandt: Gesetz und Evangelium ... Das Gesetz ist das Wort, darin uns Gott lehret und fordert, was wir tun und lassen sollen, *als da sind die zehn Gebot* ... [es folgt eine lange Ausführung, warum wir sie nicht erfüllen können und darum in Verzweiflung geraten]. Das andere Wort Gottes ist nicht Gesetz noch Gebot, fordert auch nichts von uns, sondern wenn solchs durchs erste Wort des Gesetzes geschehen und der elend Jammer und Armut im Herzen zugerichtet ist, so kommt er dann und beut an sein lieblich lebendig Wort und verspricht, sagt zu und verpflichtet sich, Gnade und Hilf zu geben, damit wir aus solchem Jammer kommen sollen und alle Sünde nicht allein vergeben, sondern auch vertilget, dazu Lieb und Lust zur Erfüllung des Gesetzes gegeben sein sollen. Siehe, solch *göttliche Zusagung seiner Gnade und Vergebung der Sünde heißt eigentlich Evangelium.*“[53] Dieser, hier stellvertretend für viele zitierte Text belegt nicht nur noch einmal unsere Analyse der Gedankenführung Luthers, er läßt auch denken, daß die Unterscheidung von Gesetz und Evangelium eigentlich eine ganz einfache Sache ist. Das Gesetz – das ist der

---

[52] Nachweise bei *Pesch,* Theol. der Rechtfertigung (s. Anm. 4) 46–51; vgl. v.a. *Joest,* Gesetz und Freiheit (s. Anm. 7) 36–45.

[53] WA 10 I 1, 155,21; 158,6.

Dekalog, hier stellvertretend für das ganze alttestamentliche Gesetz genannt. Und das Evangelium, das uns die Vergebung der Sünde zuspricht – was kann es anders sein als die Botschaft des Neuen Testamentes? Dann wäre also auch bei Luther die Unterscheidung von Gesetz und Evangelium dasselbe wie die Scheidung zwischen Altem und Neuem Testament, zuzüglich einiger Eigenheiten und auch Kühnheiten Luthers, die aber nicht schlechterdings außerhalb der Tradition geraten!?

Die Lutherforschung täte gut daran, zuzugeben, daß Luther an zahllosen Stellen, wo er durch Thema oder Publikum nicht zur äußersten Präzision genötigt ist, mit einer solchen Zurechtlegung auskommt und sich insoweit, man muß das gegen die Neigung zu künstlicher Aktualisierung betonen, als Mensch des Mittelalters erweist. Aber wenn wir Luther nicht der permanenten Übertreibung zeihen wollen, kann das nicht die ganze Pointe seiner Formel sein. Drei Hinweise sind noch zu geben, bis wir ganz begreifen können, was Luther meint.

a) Wir sahen schon, daß unter dem Evangelium selbst dem Dekalog ein „langes Lebewohl" zu sagen ist[54]. Luther verdeutlicht das an anderen Stellen durch den pointierten Hinweis, daß der Glaubende „neue Dekaloge" mache – wie Paulus in seinen Laster- und Tugendkatalogen[55]. Nicht nur die Kultgesetze und Rechtsvorschriften, auch das Sittengesetz des Alten Testamentes treibt in die Verzweiflung. Aber das ist nach allem Gesagten noch verständlich. Wichtiger ist: die „Lieb und Lust zur Erfüllung des Gesetzes", die das Evangelium bringt, beziehen sich nicht nur auf die *Erfüllung* eines feststehenden und festgeschriebenen Gesetzes, sondern auch auf dessen neu zu formulierende *Inhalte*. Das biblische Gesetz hat, obwohl der Wille Gottes, auch nach Abzug von „der Juden Sachsenspiegel"[56], das heißt: der geschichtlich bedingten und beschränkten Rechtsvorschriften für Israel, nur „Modellcharakter", das die Findung des *je*

---

[54] S. Anm. 45.

[55] Vgl. z. B. WA 39 I, 47, 27. Vgl. dazu *P. Althaus,* Gebot und Gesetz. Zum Thema „Gesetz und Evangelium" (Gütersloh 1952) bes. 23–39.

[56] WA 18, 81, 14. Zur Sache vgl. *H. Gerdes,* Luthers Streit mit den Schwärmern um das rechte Verständnis des Gesetzes Mose (Göttingen 1955).

jetzt verbindlichen Gebotes Gottes anleiten soll. Morgendämmerung der „Situationsethik“?[57]

b) Gesetz und Evangelium lassen sich nicht einfach auf Altes und Neues Testament „verteilen“. Statt einer Begründung noch einmal ein Text aus der Adventspostille, der zeigt, daß Luther auch den damaligen einfachen „Volkskirchenchristen“ mit den Problemen nicht verschont. Wenige Zeilen nach dem schon zitierten Text fährt Luther fort: „Möchtest du aber sagen: Es sind doch in den Evangelien und Episteln Pauli viel Gesetze, wiederum in Moses und der Propheten Bücher viel Zusagungen Gottes? Antwort: Es ist kein Buch in der Bibel, darinnen nicht beiderlei ist, Gott hat sie allwege beieinander gesetzt, beide, Gesetz und Zusagung. Denn er lehret durchs Gesetz, was zu tun ist, und durch die Zusagung, wo man es nehmen soll. Daß aber das Neue Testament vornehmlich Evangelium genannt wird vor andern Büchern, geschieht darum, daß es nach Christi Zukunft (= Ankunft) geschrieben ist, welcher die göttliche Zusagung erfüllet, und öffentlich durch mündliche Predigt ausgebreitet hat, welche zuvor verborgen war in der Schrift. Darum bleib du auf diesem Unterschied, und welcherlei Buch dir vorkommt, es sei Altes oder Neues Testament, das lies mit solchem Unterschied, daß du aufmerkst: wo Zusagungen sind, da ist dasselbe Buch ein Evangelienbuch, wo Gebote stehen, da ists ein Gesetzbuch. Weil aber im Neuen Testament die Zusagungen mit Haufen stehen und im Alten die Gesetze mit Haufen, nennet man eins Evangelium, das andere Gesetzbuch.“[58] Die Bergpredigt ist also Gesetz im höchsten Maße[59] – und ebenso ist die Präambel des Dekalogs schon das ganze Evangelium[60]!

c) Aufs Lesen kommt es also an! Und auf die *Art* des Lesens selbst beim gleichen Text! Ich kann die Präambel des Dekalogs auch als Gesetz lesen – bis in die kirchliche Praxis hinein: „Wehe, wenn

---

[57] Vgl. meine – wie ich heute gestehe, etwas leichtsinnige – Überlegung in: Gesetz und Evangelium (s. Anm. 35) 333–335.

[58] 10 I 2, 159,5.

[59] Vgl. WA 39 I, 536,13; 580,10; vgl. dazu *Althaus,* Theol. Luthers (s. Anm. 35) 227–231; und das Textmaterial aus Luthers Predigten über die Bergpredigt, das *G. Heintze* zusammengetragen hat: Luthers Predigt von Gesetz und Evangelium (München 1958) 147–179; auch 212–245.

[60] Vgl. die Texte in Anm. 51.

du mich nicht als deinen Gott hast!" Ich kann sie aber als Evangelium lesen: „Sei getrost, auf einen anderen Gott brauchst du nicht zu vertrauen!" Ich kann das Wort vom Kreuz als „Gesetz in Potenz" [61] hören: „O du mein Volk, was tat ich dir?" Ich kann es als den Inbegriff des Evangeliums hören: „Seht das Holz des Kreuzes, daran das Heil der Welt gehangen!" [62] Beides nun, und das ist die letzte Pointe bei Luther, bleibt lebenslang beieinander[63]. Sein ganzes Leben steht der Mensch unter dem doppelten Anspruch des in vollem Ernst – und nicht nur zum Schein – fordernden Willens Gottes und des Evangeliums, das dem Menschen erbarmend schenkt, was er nie erfüllen kann und nie erfüllt hat. Gott ist weder ein Dämon, der den Menschen ausweglos überfordert durch die „Macht" des Gesetzes[64], noch ein Gott, dem das Erbarmen zum métier geworden ist, weil sein Wille über den Menschen etwa nicht mehr ernst gemeint wäre. Luthers berühmte Formel, daß der Mensch „gerecht und Sünder zugleich" ist, historisch schon vor der Formel von „Gesetz und Evangelium" ausgebildet[65], erweist sich so als eine anthropologische Ausdrucksvariante der lebenslangen Dialektik von Gesetz und Evangelium. Sein Leben lang kommt der Mensch also nicht von der Aufgabe los, „unvermischt und ungetrennt" beieinanderzuhalten, zu unterscheiden und zu verbinden, unter Umständen an ein und demselben Text, was er jetzt zu hören hat: Anklage und Forderung, oder Zuspruch und Freispruch. Hört er falsch, dann hat er Gott, Christus, das Gesetz, das Evangelium falsch verstanden und somit verfälscht. Damit allerdings ist Luther, wie auch die Lutherforschung zugibt[66], sowohl über Paulus hinaus wie über die augustinisch-mittelalterliche Tradition. Und wer könnte auf dem Boden *dieser* Konzeption

---

[61] *Althaus,* Theol. Luthers, 230.

[62] Die Liturgie der Kirche hat das offenbar immer gewußt: beide Texte stammen aus der Karfreitagsliturgie!

[63] Vgl. die Literatur in Anm. 35. In diesen Kontext gehört die These Luthers, der Christ sei „simul iustus et peccator", „gerecht und Sünder zugleich". Zu den Einzelheiten dieser These sei der Kürze halber verwiesen auf *Pesch,* Hinführung (s. Anm. 10) 11. Kapitel, dort die Spezialliteratur.

[64] Das Gesetz als „Macht" spielt in der Christologie und Soteriologie Luthers eine gewichtige Rolle; Nachweise bei *Pesch,* Theol. der Rechtfertigung (s. Anm. 4) 135f.; vgl. auch w.o. Anm. 41.

[65] Vgl. *Kroeger,* Rechtfertigung und Gesetz (s. Anm. 5) 72–74.

[66] Vgl. die Hinweise in Anm. 29.

bestreiten, das es tatsächlich „höchste Kunst“ ist, hier immer richtig zu „unterscheiden“? Die zahllosen Möglichkeiten, „Kunstfehler“ zu machen, bemerken wir ja bis in die Diskussionen unserer Tage um die sogenannte „politische Theologie“ hinein[67].

3. Gesetz und Evangelium – heute

Um die ekklesiologische Herausforderung zu bedenken, müssen wir noch kurz herausarbeiten, worin sich Luthers Weise, zwischen Gesetz und Evangelium „recht gründlich zu unterscheiden“, heute gewandelt hat.

Die Lutherforschung faßt das Neue, Vorwärtsweisende und spezifisch „Lutherische“ in Luthers Gesetzesverständnis gern in der Formel zusammen: Gesetz ist nicht ein geschriebener Buchstabe, sondern ein „Geschehen“, und zwar, sofern es mich „im Gewissen trifft“ – fordernd, anklagend, „tötend“, vernichtend. Oder auch: Das Gesetz ist kein Imperativ, sondern ein Indikativ, der – in der Form des Imperativs – dem Menschen klar macht, wie es um ihn steht[68]. Aber was trifft uns im Gewissen? Fragt man dazu Luther, so kommt ohne Umschweife die Antwort: Die Sittengebote der Bibel, nach Abzug all dessen, was nur – wie etwa die Beschneidung – für die geschichtliche Situation Israels galt[69]. Dazu hat Luther eine Ahnung, wie wir sahen, daß auch diese sittlichen Gebote in ihrem Einzelinhalt unter der Maßgabe des Evangeliums sich wandeln können. Wenn wir in Rechnung stellen, wie sehr Luther die Gutheit eines

---

[67] Der Einfachheit halber sei verwiesen auf *Pesch,* Gesetz und Gnade (s. Anm. 5) 53–61 und die dort verzeichnete Literatur. Im Blick auf Luther ergibt sich das Problem im Zusammenhang der sogenannten Zwei-Reiche-Lehre, und der „Kunstfehler“ besteht darin, aus dem unerläßlichen *Bezug* zwischen beiden Reichen, ihrem gegenseitigen *Angewiesensein* eine *Vermischung* entstehen zu lassen, bei der eine bestimmte politische Option zur Glaubens- und Bekenntnissache wird. Politische Optionen pflegen aber mit politischen Mitteln, also mit gesellschaftlichem und gar gesetzlichem Druck durchgesetzt zu werden, und damit wäre der Glaube an das Evangelium an dieser Stelle seinerseits unter das Gesetz gebracht, die Unterscheidung von Gesetz und Evangelium verweigert. Vgl. auch *Pesch,* Hinführung (s. Anm. 10) 229–243, und jetzt *G. Ebeling,* Usus politicus legis – usus politicus evangelii, ZThK 79 (1982) 323–348.

[68] Vgl. die w. o. in Anm. 35 angegebene Literatur, v. a. *Ebeling,* Wort und Glaube (I) (s. Anm. 4) 64 f.; 286–293; *Joest* aaO (s. Anm. 7) 20; ferner *R. Hermann,* Zum Streit um die Überwindung des Gesetzes (Weimar 1958) 20; charakteristische Lutherstellen zur „Tötungsfunktion“ des Gesetzes etwa WA 39 I, 363,19; 412,2; 477,1; 40 I, 506,24.

[69] Vgl. WA 39 I, 540,3; 18,80 f.

Werkes aus dem Glauben danach bemißt, ob und wie es dem hilft, dem es geschieht[70] und nicht etwa am Maßstab eines ein für allemal geschriebenen Buchstabens, dann muß die Ahnung schon weit mehr als eine Ahnung gewesen sein. Was aber trifft *heute* das Gewissen?

Gerade die historisch-kritische Exegese des Alten Testamentes macht es unmöglich, bei der Frage nach dem Gesetz Gottes noch so unbefangen auf den Dekalog zu verweisen, wie Luther das noch konnte. Und zum Erweis der tiefen Widerwilligkeit und Selbstverhaftung des Menschen kann man auch nicht mehr mit Luther das Gebot „Du sollst nicht begehren" zitieren und eine ganze Lehre von der Konkupiszenz darauf aufbauen. Historisch-kritisch ist nicht zu erweisen, daß das alttestamentliche Gesetz etwas „ganz Anderes" ist als der Codex Hammurabbi und der Dekalog etwas „ganz Anderes" als der Katalog der guten Werke im ägyptischen Totenbuch. Sie sind unter historisch-kritischem Betracht „Menschensatzung", und nur der Glaube erkennt in ihnen – einschließlich auch ihrer menschlichen Unzulänglichkeit – ein Wort Gottes an Israel und schließlich an uns[71]. Eine ähnlich fordernde, uns für das Evangelium reif machende Beanspruchung könnte der Mensch heute vielleicht in der philosophischen Grundlagen-Diskussion um die Ethik hören – in ihren manchmal quälenden Reflexionen um die Findung einer trag-

---

[70] Vgl. Texte und Literaturhinweise bei *Pesch,* Theol. der Rechtfertigung (s. Anm. 4) 308–316.

[71] Dazu kann hier nur summarisch auf die exegetische Literatur zum Dekalog verwiesen werden. Vgl. pars pro toto *G. von Rad,* Theologie des Alten Testamentes I (München ³1961) 188–218; *J. J. Stamm,* Der Dekalog im Lichte der neueren Forschung (Bern – Stuttgart ²1962); *H. Schüngel-Straumann,* Der Dekalog – Gottes Gebot? (Stuttgart 1973); *A. Deissler,* Ich bin dein Gott, der dich befreit hat. Wege zur Meditation über das Zehngebot (Freiburg i. Br. 1975); *F.-L- Hossfeld,* Der Dekalog. Seine späten Fassungen, die originale Komposition und seine Vorstufen (Freiburg/Schw.-Göttingen 1982). Zur „Überfrachtung" des Begehrensverbotes bei Luther vgl. *P. Althaus,* Paulus und Luther über den Menschen. Ein Vergleich (Gütersloh ³1958) bes. 50–54; 84–90; *A. Peters,* Glaube und Werk. Luthers Rechtfertigungslehre im Lichte der Heiligen Schrift (Berlin – Hamburg 1962) 166–183; *W. Joest,* Paulus und das Luthersche simul iustus et peccator, KuD 1 (1955) 269–320; *M. Kroeger,* aaO (s. Anm. 4) 86–117. – Daß das Gesetz „Menschenwort" und nicht Gotteswort sei, findet sich in einem gegenüber dem sonstigen Befund isolierten Text schon bei Luther: WA 2,452, 28–453,6 (Kleiner Galaterkommentar, 1519). Das erklärt sich hier aber aus dem Kontext: es geht wirklich um „Menschensatzungen". Man kann also – gegen *Ebeling,* Wort und Glaube (I), 170f.; 279–281; RGG IV, 506 – nicht schon für *Luther* sagen, Gesetz sei Menschenwort, und Gotteswort sei nur das Evangelium, und das Gesetz nur, sofern es mit dem Evangelium als dessen „Folie" erkannt und verstanden werde.

fähigen Norm des ethischen Handelns und in dem Zwang, sie bald zu finden bei Gefahr für das Überleben der Menschheit[72]. Da jeder kleine und erst recht jeder große und kollektive Egoismus alle positiven Ergebnisse dieser Diskussion wieder durchkreuzen kann, ist es wahrhaftig gut, vom Evangelium zu hören, daß, Gott sei Dank, der Mensch nicht einzig und allein für sich selber aufkommen muß und selbst ein Atomtod unseres Planeten, den Gott verhüten möge, kein letztgültiger Einspruch gegen den Sinn des Menschenlebens wäre, sondern nur gegen die Macht des Menschen, ihn zu stiften und zu garantieren.

Erst einmal so weit, vertieft die moderne lutherische Theologie den Gesetzesbegriff dahin, „Gesetzeserfahrung" mache der Mensch, wenn er sich das ihm „eingebrannte Fragezeichen: Wo bist du?" klarmache und sich ihm stelle[73]. Etwas näher an Luther ausgedrückt: wo der Mensch sich als das Wesen erfährt, das sich selbst aus eigener Macht nicht sichern kann und daher sein Wesen, seinen Halt, buchstäblich seinen „Ort" „außerhalb seiner selbst" hat[74]. Das Evangelium wird ihm zur Befreiung, indem es ihm diesen Ort seines Seins, den er sich selbst nicht verschaffen kann, zeigt und anweist: in Gott, in Christus, im Glauben. Erst jetzt, im Christusglauben und das heißt: im Glauben an den in Christus uns begegnenden Gott,

---

[72] *Vgl. F. Böckle,* Fundamentalmoral (München 1977) 30–92; *A. Hertz* u. a. (Hg.), Handbuch der christlichen Ethik I (Freiburg – Gütersloh 1978). Vgl. auch den Streit zwischen G. Ebeling und W. Pannenberg: *Ebeling,* Die Evidenz des Ethischen und die Theologie, in: ders., Wort und Glaube II (Tübingen 1969) 1–41 (geschrieben 1960); dazu *Pannenberg,* Die Krise des Ethischen und die Theologie, in: ders., Ethik und Ekklesiologie. Gesammelte Aufsätze (Göttingen 1977) 41–54; dazu *Ebeling,* Die Krise des Ethischen und die Theologie. Erwiderung auf W. Pannenbergs Kritik, in: Wort und Glaube II, 42–55; dazu wiederum *Pannenberg,* Antwort an Gerhard Ebeling, in: Ethik und Ekklesiologie, 55–69.

[73] *Ebeling,* Wort und Glaube (I) (s. Anm. 4) 290; vgl. 281–293; *ders.,* Luther (s. Anm. 22) 120–156. Ebelings Interpretation sehr nahe kommt *F. Gogarten,* Der Mensch zwischen Gott und Welt (Stuttgart 1956) 92–100. Weitere Stimmen und Gegenstimmen aus der lutherischen Theologie bei *Pesch,* Theol. der Rechtfertigung (s. Anm. 4) 48f. Anm. 63–65.

[74] Auch dies eine von Ebeling gern aufgenommene Formulierung; vgl. exemplarisch *ders.,* Was heißt Glauben?, in: *ders.,* Wort und Glaube III (Tübingen 1975) 225–235, hier: 232f. (geschrieben 1958); *ders.,* Luther (s. Anm. 22) 183; 197; 228; 301. Zur Entstehung und Festigung dieser für Luther in der Tat kennzeichnenden Formel „extra se", „extra nos" vgl. die (was *Luther* betrifft) erhellende Untersuchung von Ebelings Schüler *K.-H. zur Mühlen,* Nos extra nos. Luthers Theologie zwischen Mystik und Scholastik (Tübingen 1972).

kann dann aufgehen, daß wir außerhalb von Gott in der Sünde sind, auch noch in unseren höchsten ethischen Bemühungen, weil sie nämlich gerade als solche uns notorisch auf uns selbst konzentrieren und uns damit notorisch bei uns selbst behaften. Und *so* erst können dann auch wieder der Dekalog und die Bergpredigt ein klärendes Wort in unsere Existenz hinein sagen, das uns bloße historisch-kritische Exegese als solche noch nicht vermitteln kann – so unentbehrlich sie heute geworden ist, wenn wir uns nicht im Urteil verrennen wollen.

Überflüssig zu betonen, daß eine solche Interpretation des Gesetzes nichts mehr mit den Texten Luthers aus dem 16. Jahrhundert zu tun hat. Aus dem „Gesetz" als einem selbst noch vom einfachen Gläubigen identifizierbaren Text der Heiligen Schrift ist ein hochkarätiger theologischer Reflexionsbegriff geworden, bei dem sich jeder nicht-lutherische Christ und Theologe bald fragen wird, ob man denn unbedingt noch von „Gesetz" sprechen muß, um zu sagen, was damit gemeint ist. Doch der Gewinn ist hoch – den wir hier nur andeuten können: Es führt von hier aus eine mühelos auszuziehende Linie zu bestimmten Bestrebungen katholischer Fundamentaltheologie, die – allen dialektisch-theologischen und alten und neuen kreuzestheologischen Einsprüchen zum Trotz[75] – den Menschen als

---

[75] Besonders entschieden ist dieser Einspruch formuliert bei *E. Jüngel,* Der Gott entsprechende Mensch. Bemerkungen zur Gottebenbildlichkeit des Menschen als Grundfigur theologischer Anthropologie, in: *H.-G. Gadamer/P. Vogler* (Hg.), Neue Anthropologie 6: Philosophische Anthropologie, Erster Teil (Stuttgart 1975) 341–372, hier bes. 348 f.: Der Mensch ist nicht die Frage, zu der wir die Antwort nicht kennen, sondern die Antwort, zu der die Frage erst auszuarbeiten ist; ebenso jüngst wieder in *I. U. Dalfert/E. Jüngel,* Person und Gottebenbildlichkeit, in: Christlicher Glaube in moderner Gesellschaft (s. Anm. 5), Bd. 24 (1981) 57–99, hier: 60. Diese, im Prinzip den Dialog mit den Humanwissenschaften abbrechende These hängt natürlich mit Jüngels Verständnis von Theologie überhaupt und insbesondere mit seiner Konzeption des theologischen Redens von Gott zusammen; vgl. dazu *ders.,* Gott als Geheimnis der Welt. Zur Begründung der Theologie des Gekreuzigten im Streit zwischen Theismus und Atheismus (Tübingen 1976, [4]1982) bes. 203–248; 307–408. Eine Auseinandersetzung mit dieser unstreitig geistvollsten Aktualisierung der Theologie Karl Barths ist hier unmöglich. Ich fürchte nur, Probleme werden nicht gelöst, Fragen nicht beantwortet, indem man sie vorab für illegitim und theologisch falsch gestellt erklärt und dann theologisch „überfährt" – und wäre es im Namen des Kreuzes. Sollte man es nicht dem Evangelium überlassen dürfen, Antwort auf wirklich und ungeniert gestellte Fragen zu geben und dann allerdings *im Vorgang der Antwort* durch seine sanfte Macht auch die Fragen zu ändern und richtigzustellen? Das Endergebnis muß von Jüngel gar nicht so weit entfernt sein – aber es macht mehr als nur einen Verfahrens- und Stilunterschied, ob ich

die lebendige Frage nach Gott, nach Christus, nach dem Evangelium zeichnen, der die Antwort des Evangeliums sich nie und nimmer erdenken und erwirken kann und sie doch erwarten darf – so erwarten darf, daß er sich über ihr großes Wunder am Ende nicht wundern wird[76].

II. Ekklesiologische Herausforderung

Wir sind mit den vorausgehenden Überlegungen unmerklich schon tief in die Herausforderungen der lutherischen Formel an die Adresse der katholischen Theologie eingedrungen. Sie waren damals schon ekklesiologische Herausforderungen, wenngleich vermittelt durch die primär soteriologischen Herausforderungen, die den unmittelbaren Sachsinn der Formel ausmachen. Wir hätten eigentlich auch hier zunächst auf diese soteriologischen Herausforderungen einzugehen, die heute vor allem in bestimmten Begründungsproblemen theologischer Ethik in Erscheinung treten[77]. Das ist aber hier nicht möglich und nicht das Thema. Wir gehen direkt auf die ekklesiologischen Herausforderungen zu. Wobei wir zunächst nicht mehr begründen, sondern grundsätzlich voraussetzen,

---

sage: Die Frage *muß* verändert, umgekehrt, verworfen werden, oder ob ich sage: Die Frage *verändert* sich (von selbst), kehrt sich um, erledigt sich unter der Antwort des Evangeliums. Es scheint, mit der letzteren Auffassung steht man näher bei Luther. Und eben deshalb stehe ich dann auf der Seite dessen, den Jüngel als den Exponenten der von ihm angegriffenen Gegenposition ansieht: Karl Rahner (s. die folgende Anmerkung).

[76] Hier muß nur summarisch auf die einschlägigen Äußerungen von *K. Rahner* hingewiesen werden, angefangen von seinem großen Christologie-Aufsatz in Schriften zur Theologie I über den Grundkurs des Glaubens bis zu *G. Mann/K. Rahner,* Weltgeschichte und Heilsgeschichte, in: Christlicher Glaube in moderner Gesellschaft Bd. 23 (1982) (s. Anm. 5) 87–125; und *A. Raffelt/K. Rahner,* Anthropologie und Theologie, aaO Bd. 24 (1981) 5–55. Vgl. ferner *G. Greshake,* Menschsein als Berufung zur Gemeinschaft mit Gott, GuL 50 (1977) 409–426; *ders.,* Die theologische Herkunft des Personbegriffs, in: G. Pöltner (Hg.), Personale Freiheit und pluralistische Gesellschaft (Freiburg i. Br. 1981) 75–86.

[77] Vgl. meinen in Anm. 35 erwähnten Aufsatz. Es geht dabei konkret um die Entscheidungsfrage zwischen einer sog. deontologischen oder teleologischen Begründung christlicher Ethik; vgl. dazu *Böckle,* Fundamentalmoral (s. Anm. 72) 306–319; vgl. von *Böckle* auch seine frühe Schrift: Gesetz und Gewissen. Grundfragen theologischer Ethik in ökumenischer Sicht (Luzern – Stuttgart 1965).

daß über die notwendige Unterscheidung von Gesetz und Evangelium kontroverstheologisch Konsens erzielbar und erzielt ist[78].

Zudem heißt „herausfordern“ soviel wie „fragen, ob man sich etwas sagen läßt“. So werden auch wir hier weniger Konzepte entwikkeln als vielmehr Fragen an die Kirche zu stellen haben – an die römisch-katholische Kirche. Überhaupt ist das Meiste gar nicht neu – nur erscheint es vielleicht im Licht der Unterscheidung von Gesetz und Evangelium schärfer in seiner Dringlichkeit. Oftmals geht es auch kaum noch um theoretische Unklarheit, sondern schlicht um Trägheit des Geistes und des Herzens im Entschluß, längst sich aufdrängende Konsequenzen praktisch zu ziehen. Was wir also im Folgenden tun, ist im Grunde nichts anderes, als einige theologische und praktische Folgerungen anzumahnen, deren Verwirklichung ökumenischen Konsens erhärten und damit die in jüngster Zeit wieder zunehmende Gefahr eines ökumenischen Glaubwürdigkeitsverlustes verringern könnte.

1. Unverfügbarkeit des Evangeliums

Soweit das Gesetz von Gott ist, ist es Unheilsfaktor, lex accusans, lex exactrix; soweit es von Menschen ist, ist es „Menschensatzung“ und theologisch so zu beurteilen wie alle sonstige Menschensatzung und weltliches Regiment auch. Das Evangelium ist die Durchbrechung, die Überwindung *dieses* Gesetzes und aller Gesetzlichkeit überhaupt, also in gar keiner Weise selbst ein Gesetz, es ist das Andere des Gesetzes. Soteriologisch heißt das: Das Gesetz hat nichts mit der Rechtfertigung des Sünders zu tun – gemeint ist: nichts Positives, es ist keine Vorbedingung der Rechtfertigung und auch keine Nachbedingung. Ekklesiologisch heißt das: Die Kirche darf das Evangelium nicht als Gesetz verkünden – auch nicht im abgeschwächtesten Sinne –, und sie darf es nicht in der Form des Gesetzes durchzusetzen und mit den Mitteln des Gesetzes zu stützen versuchen. Der einzige Ort des Gesetzes in der Kirche ist die notwendige Regelung der äußeren Voraussetzungen, die eine ungestörte *Verkündigung* des Evangeliums gewährleisten. Aber durchsetzen

---

[78] Für die Begründung kann auf die in Anm. 4 verzeichneten Arbeiten von Kühn, Söhngen und Pesch verwiesen werden.

muß sich das Evangelium selber – indem es das Gewissen durch das äußere Wort „trifft“. Das Evangelium ist absolut unverfügbar, und die Kirche kann und darf es nicht in Verfügung nehmen.

Bis hierhin wird auch ein katholischer Amtsträger die lutherische Auffassung noch für einen Gemeinplatz, für eine schiere Binsenwahrheit halten. Doch über die Konsequenzen wird er immer wieder erschrecken. Die fundamentale Konsequenz ist nämlich für den lutherischen Theologen eine totale Instrumentalisierung der konkreten Kirche – der *äußeren* Kirche, denn wer wahrhaft zur „Gemeinschaft der Gläubigen“ gehört, weiß nur Gott. Die Kirche im eigentlichen und theologischen Sinne, die nicht mit der äußeren Organisation „Kirche“ verwechselt werden darf, ist unsichtbar, verborgen. In diesem Punkte gibt es nicht den mindesten Dissens zwischen Luther und der ansonsten als konsensfähig beurteilten Augsburgischen Konfession[79]. Lutherische Dogmatiker werden nicht müde, diese Instrumentalisierung der äußeren Kirche zu betonen, und das heißt: sämtliche Organisationsstrukturen der Kirche einschließlich der Ämterausgestaltung stehen jederzeit zur Disposition unter dem Gesichtspunkt ihrer Vorzüge oder Nachteile für eine ungehinderte und

---

[79] Zu Luther vgl., der Kürze halber, *Pesch,* Hinführung 208–212 – dort die wichtige jüngere Literatur. Zum Kirchenverständnis der CA einschließlich ihres Verhältnisses zu Luther sei aus der unübersehbaren Literatur der letzten Jahre exemplarisch hingewiesen auf *T. Koch,* Das Problem des evangelischen Kirchenverständnisses nach dem Augsburger Bekenntnis, in: *B. Lohse/O. H. Pesch* (Hg.), das „Augsburger Bekenntnis“ von 1530 – damals und heute (München – Mainz 1980) 125–143; *W. Kasper,* Das Kirchenverständnis der Confessio Augustana, in: E. Iserloh (Hg.), Confessio Augustana und Confutatio. Der Augsburger Reichstag und die Einheit der Kirche (Münster 1980) 396–410; *G. Kretschmar,* Der Kirchenartikel der Confessio Augustana Melanchthons, aaO 411–439; *H. Meyer/H. Schütte,* Die Auffassung von Kirche im Augsburgischen Bekenntnis, in: *H. Meyer/H. Schütte* (Hg.), Confessio Augustana. Bekenntnis des einen Glaubens. Gemeinsame Untersuchung lutherischer und katholischer Theologen (Paderborn – Frankfurt a. M. 1980) 169–197; *U. Kühn,* Kirche (= Handbuch Systematischer Theologie Bd. 10) (Gütersloh 1980), 21–57; *B. Lohse,* Die Einheit der Kirche nach der Confessio Augustana, in: *K. Lehmann/E. Schlink* (Hg.), Evangelium – Sakramente – Amt und die Einheit der Kirche. Die ökumenische Tragweite der Confessio Augustana (Freiburg – Göttingen 1982) 58–79; *W. Kasper,* Kirchenverständnis und Kircheneinheit nach der Confessio Augustana, aaO 36–57. Naturgemäß schlägt diese Auffassung auf das Verständnis des kirchlichen Amtes durch und schafft entsprechende Kontroversen. Diese sind exemplarisch vorgeführt bei *E. Iserloh,* „Von der Bischofen Gewalt“, in: Iserloh (Hg.), aaO 473–488; *H. Meyer,* Das Bischofsamt nach CA 28, aaO 489–498; und *B. Lohse,* Die Stellung zum Bischofsamt in der Confessio Augustana, in: Lehmann/Schlink (Hg.), aaO 80–108.

möglichst wirksame – und das heißt nur: möglichst viele erreichende – Evangeliumsverkündigung[80]. Über die Probleme, die mit diesem Kirchenverständnis – im Prinzip ist es eine grundlegende Nicht-Institutionalität der Kirche[81] – geschaffen werden, brauchen wir hier kein Wort zu verlieren. Auch nicht darüber, daß in dem Pathos, mit dem diese These vertreten wird, gelegentlich etwas überdurchschnittliche Selbstzufriedenheit mit der eigenen Kirchenstruktur durchklingt[82]. Aber wie konsequent die Theorie durchgehalten wird, beweist erst jüngst wieder der – hervorragende und hervorragend ehrliche – Aufsatz von Hans Philipp Meyer, Vizepräsident der EKD-Kanzlei in Hannover, über „Kirchenleitung nach lutherischem Verständnis“[83]. Meyer macht darauf aufmerksam, daß nach CA 28 aus Gründen christlicher Freiheit die Kirchenleitung keine „Zeremonien“, also keine Gottesdienstordnung verbindlich machen kann – der Pfarrer ist frei, sie zu ändern, wenn es nur in der Gemeinde kein Ärgernis gibt. Dem Fürsten aber ist der Christ aus Gründen des Gebotes Gottes Gehorsam schuldig. Man ist versucht, dies boshaft in unsere Zeit zu übertragen und zu folgern: Dem Entscheid einer kirchlichen Finanzkammer ist der Pastor Gehorsam schuldig, aber im Gottesdienst darf er machen, was er will – wenn er nur die Gemeinde hinter sich hat. Aber auch der damit ausgestellte Freibrief für eine kirchliche Bürokratie, der – im Unterschied zur katholischen Kirche – nicht mehr theologisch, nur noch mit pragmatischen Ermessensurteilen beizukommen ist, bei denen die Bürokratie immer in possessione ist, kann das auf CA 28 gestützte Urteil nicht ändern: „Hirten weiden – nur! – mit dem Evangelium, mit Gottes Wort, nicht mit eigenen Regelungen oder Weisungen.“[84]

---

[80] Vgl. pars pro toto *P. Althaus,* Die Christliche Wahrheit. Lehrbuch der Dogmatik (Gütersloh ³1952 = identisch mit allen späteren Auflagen, zuletzt ⁸1972) 504–506; 523–528; *H. Thielicke,* Theologische Ethik III (Tübingen ²1968), 458–506 (Nr. 1598–1774) – daher in *ders.,* Der Evangelische Glaube III (= Theologie des Geistes) (Tübingen 1978), nicht mehr behandelt, sondern durch Querverweis abgegolten; vgl. aaO 268 Anm. 1. – Überblick bei *Pesch,* Gesetz und Gnade (s. Anm. 5) 64f.

[81] Vgl. *Koch,* aaO (s. Anm. 79) 127–133.

[82] Bezeichnend etwa *Althaus* ebd. (s. Anm. 80): Die betonte „Reformierbarkeit“ aller Kirchenordnung und allen „Kirchentums“ ist eher eine theoretische.

[83] *H. Ph. Meyer,* Kirchenleitung nach lutherischem Verständnis. Zur Auslegung von Confessio Augustana 28, Zeitschrift für ev. Kirchenrecht 25 (1980) 115–135.

[84] *Meyer,* aaO 135.

Und um gleich noch ein Beispiel anzufügen, dessen Fernwirkungen noch viel bedrohlicher in aktuelle Konflikte hinreichen: Aus eben diesem Grunde ist Luther der Meinung, daß selbst unter einem Tyrannen – in einer Diktatur – die Verkündigung des Evangeliums besser gewährleistet ist als unter den Bedingungen der Anarchie – in einer Revolution –, weshalb Christen sich an einer solchen, an einem Aufruhr gegen die Obrigkeit nicht beteiligen dürfen[85]. Die aktuelle Problematik dieser Theser muß kaum ausgemalt werden.

Und nun: wieweit kann die katholische Kirche von sich sagen, daß sie die Unverfügbarkeit des Evangeliums – des sorgsam vom Gesetz zu unterscheidenden Evangeliums – respektiert und hinter ihm zurücktritt, um es durch sich selbst wirken zu lassen? Nun gibt es in der neueren katholischen Ekklesiologie eine Menge von Aussagen, die alle in die Richtung einer Instrumentalisierung der konkreten Kirche weisen. Die früher so vertrauten Gedanken von der Kirche als „vollkommener Gesellschaft", ja als „Reich Gottes auf Erden" sind weithin aufgegeben, „Leib Christi" als Grundbegriff der Kirche ins zweite Glied verwiesen. Statt dessen „Volk Gottes" als Grundbegriff und „Grundsakrament" als Wesensbeschreibung. Und „Sakramentalität" schließt neben dem „Realsymbol" immer auch Instrumentalität ein[86]. Auch die Hierarchie wird als Mittel beschrieben, *durch* das Gott sein Volk zusammenführt und zusammenhält[87]. Die Priester leiten ihre Gemeinden durch die Verkündigung der Frohbotschaft – darin eingeschlossen die Sakramentsverwal-

---

85 Vgl. WA 19, 632,25–644,32. Zur Sache vgl. *Pesch,* Hinführung, 234–237 – dort die Spezialliteratur.

86 Vgl. Zweites Vatikanisches Konzil, Kirchenkonstitution, 1. u. 2. Kapitel. Zum Zusammenhang von „Realsymbolik" und Instrumentalität der Sakramente – „efficiunt quod significant" – genügt es, auf die neuere, auf Thomas und die Kirchenväter zurückgreifende katholische Sakramententheologie zu verweisen. Jüngste Äußerungen (mit Literatur): *Th. Schneider,* Zeichen der Nähe Gottes. Grundriß der Sakramententheologie (Mainz 1979) bes. 17–29; 54–69; *O. H. Pesch,* Das katholische Sakramentsverständnis im Urteil gegenwärtiger evangelischer Theologie, in: E. Jüngel/J. Wallmann/ W. Werbeck (Hg.), Verifikationen. Festschrift für Gerhard Ebeling zum 70. Geburtstag (Tübingen 1982) 317–340. Zur grenzüberschreitenden fundamentaltheologischen Problematik vgl. *A. Hahn* u. a., Anthropologie des Kults. Die Bedeutung des Kults für das Überleben des Menschen (Freiburg i. Br. 1977); und *F. Schupp,* Glaube – Kultur – Symbol. Versuch einer kritischen Theorie sakramentaler Praxis (Düsseldorf 1974).

87 Kirchenkonstitution, 3. Kapitel (beachte die Finalsätze gleich in Nr. 18!).

tung: es klingt fast lutherisch[88]. Die ganze Kirche *ist* nicht das Reich Gottes, sondern geht ihm entgegen und steht in seinem Dienst[89].

Soweit so gut! Aber machen wir die praktischen Folgerungen nur einmal am Problem der Lehramtsausübung fest. Wäre ein Zurücktreten der Kirche hinter dem durch sich selbst wirksamen Evangelium nicht in der Weise diskutierbar, daß die Repräsentanten des Lehramtes laut und deutlich sagen, was sie um ihres Gewissens und der Verantwortung ihres Amtes willen sagen müssen – aber bewußt darauf verzichten, ihren Spruch mit Machtmitteln durchzusetzen, selbst wenn sie sie haben? Welch eine Entlastung für den kollektiven Prozeß der Wahrheitsfindung in der Kirche! Und sie müßte viele sonstige Änderungen in den Verfahrensregeln nach sich ziehen, die seit Jahren gefordert werden – sie müßte geradezu ein neues Verständnis von Lehramt hervorbringen[90]. Und die rabiate lutherische Position verlöre viel von der Treffsicherheit ihrer Anfrage, ja sie könnte selber von einer solchen Regelung noch etwas lernen.

Bei solchen Überlegungen, die leicht fortgesponnen werden könnten, steht letztlich auf dem Spiel, wie tragfähig der immer wieder behauptete[91] Konsens in der Rechtfertigungslehre ist. Evangelische Theologen betonen bei jeder Gelegenheit, daß dieser Konsens eine Selbsttäuschung ist, solange wir über das Kirchenverständnis, konkret: über die reine Instrumentalität der Kirche nicht einig sind[92]. Sie haben recht – und wenn ich persönlich diesen evangelischen Beobachtern nicht zustimme, dann nicht im Grundsatz, sondern nur deswegen, weil ich die Gründe für die Differenz im Kirchenverständnis weniger im Grundsatz als in einem Zwiespalt zwischen Grundsatz und praktisch nicht gezogenen Konsequenzen (samt den dafür erbrachten Teiltheorien) erblicke. Nur deshalb bin ich hier doch nicht ohne Hoffnung[93].

---

[88] Dekret über den Dienst und das Leben der Priester.

[89] Kirchenkonstitution Nr. 5.

[90] Einige Andeutungen dazu bei *O. H. Pesch,* Unsicherheit und Glaube (= Theologische Meditationen 56) (Zürich 1981) 65–69; vgl. ferner Concilium 12 (1976) Heft 8/9: Glauben auf Befehl?; 18 (1982) Heft 10: Das Recht auf Widerspruch.

[91] Zuletzt wieder bei *G. Müller/V. Pfnür,* Rechtfertigung – Glaube – Werke, in: Meyer/Schütte (Hg.), Confessio Augustana (s. Anm. 79) 106–139. Analyse der Diskussionssituation w.o. in der Ersten Studie.

[92] Nachweise auch dazu w. o. in der Ersten Studie, bes. S. 31–34; 40f.

[93] Vgl. w. o. in der Ersten Studie S. 46–51, und schon *O. H. Pesch,* Gottes Gnadenhandeln

2. Ermahnung und Erziehung

Gesetz und Evangelium bestimmen in einer lebenslangen Dialektik das Leben des Menschen vor Gott. Die Spannung zwischen dieser Konzeption, ausgedrückt im „simul iustus et peccator", und der Lehre des Konzils von Trient, daß der Gerechtfertigte die Verantwortung trägt, das Kleid der Rechtfertigungsgnade unbefleckt vor den ewigen Richter zu tragen, und auch prinzipiell die Möglichkeit dazu hat[94], wird auf der Ebene der lehrmäßigen Formulierung nie ganz auszugleichen sein – trotz aller „Sicherungen", die das Tridentinum selbst schon einbaut[95]. Aber unterstellen wir einmal – ich halte das für erlaubt –, daß dies keinen kirchentrennenden Unterschied (mehr) begründet. Dann bleiben einige fruchtbare und heilsame Anfragen der Ermahnung und Erziehung – der „Paränese". Die katholische Kirche geht nach wie vor davon aus, daß es oberstes Ziel der Seelsorge und ihres erzieherischen Wirkens sei, den getauften Christen vor der Todsünde zu bewahren, positiv: ihn in der Liebe zu Gott zu erhalten – denn die Todsünde trennt von Gott und führt im letzten Gericht zur Verdammung. Alle Gesetze, alle Disziplinarmaßnahmen, alle drängende Ermahnung, ja auch der Großteil der unerläßlichen Verwaltungsarbeit haben letztlich diesen Sinn. Dabei weiß die Kirche, daß Bewahrung vor der Sünde und Verharren in der Liebe Gottes Geschenk der Gnade sind – aber selbst den Eindruck der Vergesetzlichung des Evangeliums nimmt sie in Kauf, um nur ja dieses kostbare Geschenk Gottes mit allen Mitteln zu schützen.

Wenn es nun wahr ist, daß das Gesetz den Christen *immer* vor Gott anklagt – und zwar ohne daß man da etwas abschwächen darf, etwa im Sinne einer Unterscheidung zwischen Todsünde und läßlicher Sünde, die so nie gemeint war[96] –, kann dann die Kirche sich noch

---

als Rechtfertigung und Heiligung des Menschen, in: J. Feiner/M. Löhrer (Hg.), Mysterium Salutis. Grundriß heilsgeschichtlicher Dogmatik, 5 Bde. in 7 (Zürich 1965–1975), IV/2 (1973) 831–913, hier: 900–907.

[94] DS 1528–1531.

[95] Vgl. vor allem DS 1525 f.; 1532; 1541; 1548 f. Vgl. dazu *Pesch/Peters,* Einführung (s. Anm. 10) 176–208.

[96] Vgl. die neueren, problembewußten moraltheologischen Stellungnahmen, etwa *A. K. Ruf,* Sünde – was ist das? (München 1972) 132–146; *B. Häring,* Sünde im Zeitalter der Säkularisation. Eine Orientierungshilfe (Graz 1974) 173–203; *ders.,* Frei in Christus. Eine Moraltheologie für die Praxis des christlichen Lebens I (Freiburg i. Br.

länger zutrauen, mit Disziplin die Todsünde verhindern zu können? Vor der Todsünde kann *nur* das Evangelium „bewahren" – und zwar indem es dem Menschen die Annahme durch Gott *trotz* seiner Sünde und *gegen* sie zuspricht. Bewahrung vor der Sünde kann also nur geschehen durch den deutlichen Zuspruch der Frohbotschaft und im festen Vertrauen auf ihre Kraft. Aber wagt die Kirche, darauf zu vertrauen, daß Glaube und Liebe von selbst ihre Früchte bringen – wenn sie denn wirklich Glaube und Liebe sind? Ist sie bereit, die letzte Wehrlosigkeit des Evangeliums in dieser Sache zu teilen? Ist sie bereit, bis in die religiöse Kindererziehung hinein darauf zu bauen und sich *allein* darauf zu verlassen, daß der Glaubende allen Ernstes keinen Dekalog mehr braucht? Riskiert sie bis in alle theologischen und praktischen Konsequenzen hinein die „Freiheit eines Christenmenschen"[97]?

Machen wir die Problematik wieder an einem Beispiel fest: an der Haltung zur Ehescheidung. Wir können das tun, ohne hier auf die Kontroverse um die Sakramentalität der Ehe einzugehen, denn selbst unter Voraussetzung eines ganz „durchschnittlichen" und üblicherweise ungeklärten Begriffs von der Sakramentalität der Ehe[98] ist die folgende Überlegung möglich. Der tiefste Grund, warum die lutherische Kirche anders als die katholische Kirche zur Ehescheidung Stellung nimmt und dabei auch sich den Vorwurf der Laxheit gefallen läßt, ist der, daß sie sich nicht zutraut, von außen zu sagen, ob und wie weit sich Menschen in der Ehe der Übertretung des Gebotes der Treue schuldig gemacht haben. Daher traut sie auch Geschiedene ein zweites Mal – weil nur Gott die Gewissen kennt, also allein weiß, wann und wo Menschen das Evangelium als Basis ihrer Ehe gehört haben. Das Letztere ist auch nach katholischer Auffassung die Basis für das Verständnis von der Ehe als Sakrament. Aber

---

1979) 384–395; *O. H. Pesch,* „Schwere Sünde" und „leichte Sünde", in: A. K. Ruf (Hg.), Sünde – Buße – Beichte. Werkbuch für die Verkündigung (Regensburg 1976) 91–106; *Böckle,* aaO (s. Anm. 72) 142–149; *P. Schoonenberg,* Theologie der Sünde. Ein theologischer Versuch (Zürich 1966) 37–53.

[97] Vgl. *E. Gruber,* Alles ist erlaubt. Überlegungen zur Freiheit des Christen (München 1972); und schon *R. Egenter,* Von der Freiheit der Kinder Gottes (Freiburg i. Br. 1947); und jetzt auch *T. Rendtorff,* Emanzipation und christliche Freiheit, in: Christlicher Glaube in moderner Gesellschaft Bd. 18 (1982) (s. Anm. 5) 149–179.

[98] Vgl. *O. H. Pesch,* Ehe im Blick des Glaubens, in: Christlicher Glaube in moderner Gesellschaft Bd. 7 (s. Anm. 5) 5–43, hier bes. 9–24; 36–42; dort weitere Literatur.

die katholische Kirche glaubt, dieses Hören des Evangeliums über die Ehe mit rechtlichen Regelungen unterstützen zu müssen und den Bruch der Treue rechtlich kontrollieren zu sollen – und beurteilt *daher* die zweite Ehe Geschiedener als Leben außerhalb der Gnade, in der Sünde, und schließt sie *deshalb* – als „öffentliche Sünder" – von den Sakramenten aus. Heißt das nicht, durch Gesetz über das Evangelium verfügen und durch die Mittel des Rechtes erreichen wollen, was nur das Evangelium erreichen kann? Ist es nicht auch hier möglich, laut und deutlich zu verkünden – auch anklagend zu verkünden –, aber anschließend nicht zu urteilen, nicht zu disziplinieren, sondern auf die Kraft des Evangeliums zu vertrauen?

3. Kirchenstrukturen

In unseren Tagen erleben wir seit den Tagen der Urkirche nicht mehr gekannte fantasievolle Versuche, aus gegebener konkreter Situation neue Gemeindeformen aufzubauen und zu praktizieren, die wir unter dem Namen „Basisgemeinden" zusammenzufassen pflegen[99]. Kein kirchenamtlicher Widerstand vermag sie zu unterbinden, kein Mißtrauen ihnen ihr hoffnungsfrohes gutes Gewissen zu nehmen. Aber was steht denn hinter dem amtlichen Widerstand? Müßte man nicht froh sein, wenn das Evangelium so spontan „zündet" und gemeindebildend wirkt? Tangiert es überhaupt auch das „orthodoxe" Amtsverständnis, wenn die Formen, wie der Amtsträger an sein Amt kommt, sich ändern? Welchen Grund gibt es, auf der zentralen Gemeindebildung „von oben" zu bestehen, wenn die neuen Formen erkennbar der Fruchtbarkeit des Evangeliums bei konkreten Menschen in ihren sozialen Strukturen dienen? Welchen Grund gibt es zum Widerstand gegen „Dezentralisierung" – das Wort jetzt ganz ungeschützt gebraucht –, wenn in gegebener Situa-

[99] Vgl. *L. Boff,* Die Neuentdeckung der Kirche. Basisgemeinden in Lateinamerika (Mainz 1980); Concilium 16 (1980) Heft 3: Das Recht der Gemeinde auf einen Priester; *J. B. Metz,* Jenseits bürgerlicher Religion. Reden über die Zukunft des Christentums (Mainz 1980) 111–127; *K. Rahner,* Schriften zur Theologie Bd. 14 (Zürich 1980) bes. 248–272; 319–381; und jetzt *K. Lehmann,* Gemeinde, in: Christlicher Glaube in moderner Gesellschaft Bd. 28 (1982) (s. Anm. 5); *F. X. Kaufmann/A. v. Campenhausen/H. Fries/W. Pannenberg,* Kirche, aaO Bd. 29 (1982). Zum Gesamtrahmen vgl. *F. Klostermann,* Gemeinde – Kirche der Zukunft, 2 Bde. (Freiburg i. Br. 1974).

tion die „alten“ Formen erkennbar der Glaubwürdigkeit des Evangeliums schaden? Der Befürchtung, die Kirche könne auseinanderfallen, soll gar nicht ihr Recht bestritten werden. Aber wieviel Uniformität der Kirchenstrukturen – auf die sich das Wort „auseinanderfallen“ ja bezieht – braucht denn das Evangelium, um sein Werk zu tun? Wäre nicht die viel richtigere Reaktion des Amtes, die Kommunikation – die „Koinonia“ – zwischen den so neu entstehenden Gemeinden zu fördern, ohne ihren evangelischen Impuls zu bremsen?

Weitere Haftpunkte der ekklesiologischen Herausforderung durch die Unterscheidung von Gesetz und Evangelium wollen wir der Kürze halber nur noch nennen, nicht mehr behandeln. Forderungen und Regeln für den Sakramentenempfang: Was kann die Kirche da verlangen, wenn die Sakramente nicht ein Heilsweg *neben* dem Glauben sind, sondern dessen zugleich individuelle und kirchliche Vollzugsform[100] und daher so wie dieser letztlich der Geschichte des einzelnen mit Gott zu überlassen sind? Kann man, wie immer noch in „offiziellen“ Texten üblich, zum Beispiel das Bußsakrament auferlegen zu dem Zwecke, für die Ausübung einer bestimmten Handlung in der Kirche den „Stand der heiligmachenden Gnade“ garantiert zu erlangen[101], als hätte es nie eine These 61 in Luthers Disputation gegen die scholastische Theologie gegeben[102]?

Ertragen von Konflikten und ganzen Konfliktzeiten: Wieweit darf das stets seelsorglich begründete Verlangen der Kirche gehen, „Unruhe in den Gemeinden“ zu vermeiden und Harmonie zu wahren, wenn das ganze Leben des Christen eine unabschließbare Kampfsituation zwischen Gesetz und Evangelium ist, nie genug getan ist und allein das Evangelium nicht: ein gutes, sondern: ein getröstetes Gewissen verleiht? Ich gehöre nicht zu denen, die das Wort

---

100 Pars pro toto sei verwiesen auf *Rahner,* Schriften zur Theologie Bd. 2, 115–142 (Personale und sakramentale Frömmigkeit); Bd. 7, 204–220 (Eucharistie und alltägliches Leben); *O. H. Pesch,* Besinnung auf die Sakramente. Historische und systematische Überlegungen und ihre pastoralen Konsequenzen, FZPhTh 18 (1971) 266–321, bes. 280–292; 311–316; *Schneider,* aaO (s. Anm. 86) 54–67; 94–105.

101 Z. B. CIC can. 807 (zur Feier der Eucharistie im Falle einer schweren Sünde). Vgl. dazu *J. Listl/H. Müller/H. Schmitz* (Hg.), Grundriß des nachkonziliaren Kirchenrechts (Regensburg 1979) 486.

102 Vgl. w. o. S. 60.

„Harmoniebedürfnis“ nur im pejorativen Sinne gebrauchen. Es kann eine Forderung des Evangeliums sein, bestimmte Menschen nicht durch Überforderung depressiv zu machen. Aber absolut gesprochen ist eher die Unruhe als die Harmonie, die nahe bei der Selbstzufriedenheit steht, die Signatur der Existenz zwischen Gesetz und Evangelium.

Parteilichkeit für die Armen: Diese Konsequenz aus dem Evangelium kann nicht bestritten werden, und es bestreitet sie auch keiner. Aber sie bedeutet Verzicht auf Sicherheit durch den Schutz der Mächtigen – und steht sich eine Kirche dabei nicht oft selbst im Wege, die in ihrer eigenen Binnenstruktur alles auf überschaubare Reglementierung anlegt und dabei äußerlich ja auch ganz gut fährt? Kann die Parteinahme für die Armen dabei etwas anderes werden als Einsatz der eigenen politischen Macht gegen die anderen politischen Mächte, aber nicht die Solidarität mit den Armen im Kampf für ihre Würde?

Und endlich, noch einmal alles zusammenfassend: der Glaubenssinn der Gläubigen. Das Zweite Vatikanum hat ihn anerkannt, ihm sogar Unfehlbarkeit zugesprochen[103]. Aber nur unter der Leitung des Lehramtes – da helfen alle weiterführenden Interpretationen nicht darüber hinweg[104]. Die Frage ist, ob es dabei bleiben muß; ob – wenn das Evangelium unverfügbar ist – nicht eher umgekehrt zu urteilen ist: die Lehramtsträger sprechen den Glaubenssinn der Gläubigen aus, sind und bleiben in ihn hineingebunden und stehen ihm nur insofern gegenüber, als sie ihn gewissermaßen gegen sich selbst, gegen sein eigenes Abgleiten in subjektive Beliebigkeit schützen? Andeutungen – mehr nicht! Aber bekommen sie nicht doch einigen Kredit durch die Tatsache, daß die Vorstellung, das Lehramt verfüge über eigene, den anderen Gläubigen vorenthaltene Erkenntnis-

---

[103] Vgl. Kirchenkonstitution Nr. 12.

[104] Wie z.B. *M. Seybold,* Unfehlbarkeit des Papstes – Unfehlbarkeit der Kirche, in: G. Denzler (Hg.), Das Papsttum in der Diskussion (Regensburg 1974) 102–122, hier: 110–120. – Zum Thema „Glaubenssinn“ vgl. *M. Seckler,* Glaubenssinn, LThK IV (1960) 945–948 (Lit. bis 1960); *M. D. Koster,* Der Glaubenssinn der Hirten und der Gläubigen, in: ders., Volk Gottes im Werden. Gesammelte Studien, hg. von H.-D. Langer und O. H. Pesch (Mainz 1971) 131–150 (viele historische Hinweise); und die Aufsätze von *Karl Rahner* betreffend den Dialog in der Kirche; vor allem: Kleines Fragment „Über die kollektive Findung der Wahrheit“ (Schriften zur Theologie VI, 104–110); Der Glaube der Christen und die Lehre der Kirche (aaO X, 262–285).

quellen der Offenbarungswahrheit, sowohl dogmatisch falsch ist als auch im schreienden Widerspruch zu den faktischen Wegen steht, auf denen gemeinsame Glaubensüberzeugung in der Kirche entsteht[105]?

III. Ekklesiologische Antwort

Die lutherische Unterscheidung von Gesetz und Evangelium ist gottlob nicht nur eine ekklesiologische Herausforderung, sondern auch Anfrage, auf die Antwort erteilt werden kann. Diese soll in drei abschließenden Hinweisen – mehr können es nicht sein – skizziert werden.

1. Lutherische Binnenprobleme

Mit der totalen Instrumentalisierung der äußeren Kirche und den daraus gezogenen Konsequenzen stehen die lutherischen Kirchen im Weltrat der Kirchen, also in der Ökumene ziemlich allein. Schon wer der Kirche die Aufgabe bestimmten Eingreifens in politische und gesellschaftliche Entwicklungen stellt, überschreitet ja streng genommen die Grundlagen lutherischer Ekklesiologie – soweit dieses Eingreifen durch mehr und anderes geschieht als durch die Evangeliumsverkündigung. Das bedeutet: Mit der Unterscheidung von Gesetz und Evangelium kann man keine Kirche aufbauen. Mit der „Freiheit eines Christenmenschen" allein kann man keine Kirche organisieren. Mit CA 7 – rechte Evangeliumsverkündigung und Sakramentsverwaltung sind für die Einheit der Kirche „genug"! – kann man keine Kirchenordnung entwerfen. Man kann mit all dem *bestehende* Kirchenordnungen kritisieren und Grenzlinien einer Reform ziehen – aber man kann sie ohne zusätzliche Maßstäbe nicht aufbauen.

Nichts belegt dieses Problem deutlicher als der schon „klassische" evangelisch-katholische Streit um CA 28 und die dortigen

---

[105] Vgl. die Hinweise in Anm. 90 und *O. H. Pesch,* Bilanz der Diskussion um die vatikanische Primats- und Unfehlbarkeitsdefinition, in: Arbeitsgemeinschaft ökumenischer Universitätsinstitute (Hg.), Papsttum als ökumenische Frage (München-Mainz 1979) 159–211, hier bes. 196ff.

Aussagen über das Bischofsamt[106]. Dem Wortlaut nach werden dort die Bischöfe als Träger eines Amtes göttlichen Rechtes hingestellt und ihnen Jurisdiktionsgewalt zugesprochen – Frohlocken bei den Katholiken und eine gewisse Verlegenheit bei den Lutheranern! Aber die evangelische Antwort kann auf die Gleichsetzung von Pfarramt und Bischofsamt im gleichen Artikel verweisen – Frohlokken bei den Lutheranern und Verlegenheit bei den Katholiken! Feststeht: Melanchthon wollte in der Jurisdiktionsfrage entgegenkommen, allerdings ohne die damit damals faktisch verbundene weltliche Gewalt (z. B. die Ehegerichtsbarkeit, Finanzhoheit). Die evangelischen Stände sind darauf nicht eingegangen – wohl wissend, daß *damals* eine Trennung von geistlicher und weltlicher Jurisdiktion nicht würde gelingen können. Es blieb also faktisch nur die Wahl zwischen den alten Zuständen oder Bischöfen ohne Jurisdiktion, die darum theologisch nicht mehr sein können als ein Pfarrer auch. Die Wahl fiel nicht schwer – und so haben die lutherischen Kirchen, wenn überhaupt, bis auf den heutigen Tag Bischöfe ohne besondere Jurisdiktion. Nur hat man damals schon aus pragmatischen Gründen u. a. dem Bischof die Kompetenz zum Ausschluß aus der Gemeinde vorbehalten – man konnte sie ja auch beim besten Willen nicht jedem Dorfpfarrer anheimstellen. Theoretisch ist also das Konzept eines „evangelischen Bischofsamtes" gewahrt – es ist nicht „hierarchisch", und eventuelle Kompetenzen über die des Pfarrers hinaus sind rein menschlichen Rechts. Nur: ist diese Antwort wirklich so konsequent? Macht es wirklich keinen qualitativen, sondern nur einen pragmatisch-administrativen Unterschied, wenn der eine „Pfarrer" nämlich der Bischof, das Recht hat, aus der Gemeinde auszuschließen, der andere nicht? Mit der Unterscheidung von Gesetz und Evangelium läßt sich das nicht klären. Ist hier die katholische „hierarchische" Antwort nicht redlicher?

Fazit: Die lutherische Auffassung ist nicht in allem so stark, wie sie einer katholischen Bereitschaft zur Selbstkritik zuweilen erscheinen mag. Welcher Katholik würde nicht am Ende doch lieber einem persönlich und theologisch haftbaren „Hierarchen" in die Hände fallen als einem kirchlichen Bürokraten menschlichen Rechtes?

---

[106] Vgl. die Hinweise in Anm. 79, vor allem die Beiträge von E. Iserloh und B. Lohse.

2. Verschüttete katholische Tradition

Aber schon die Grundlage der Herausforderung, die Unterscheidung von Gesetz und Evangelium, hat auf katholischer Seite nicht nur einen weißen Fleck zur Entsprechung. Von Gottlieb Söhngen stammt der schon zum geflügelten Wort gewordene Satz: „Das Thema ‚Gesetz und Evangelium‘ ist ein reformatorisches Thema mit katholischer Vergangenheit.“ [107] Wie schon eingangs angedeutet, lautet das mittelalterliche Gegenstück „Gesetz und Gnade“. Und das bedeutet, entgegen vielfältiger lutherischer Befürchtung, nicht: die Gnade als Gesetz, sondern – noch einmal mit einer Formulierung Söhngens: das Gesetz als Gnade – und daher „Gesetz“ nur noch in einem „analogen“, ja abusiven Sinne[108]. Am tiefsten ist diese Position formuliert worden bei Thomas von Aquin, der als einziger im Mittelalter die „lex nova evangelii“ nicht nur dahin charakterisiert, daß sie die zur Erfüllung des Gesetzes notwendige Kraft der Gnade *mit sich bringt,* sondern diese Gnade *ist* – und darum überhaupt kein geschriebenes Gesetz mehr, sondern ein dem Menschen „eingegebenes“ Gesetz, „lex indita“[109]. Geschriebenes gehört nur „sekundär“ zum „neuen Gesetz“: als Formulierung des eigentlich Selbstverständlichen, als Unterstützung bei Unklarheiten oder Gefährdungen[110]. Gebraucht man den Buchstaben des neuen Gesetzes außerhalb der Gnade, so ist er genauso tötender Buchstabe wie das alte Gesetz[111]. Darum ist das neue Gesetz, mit den Worten des Paulus, ein „Gesetz der Freiheit“ [112]. Aus all dem folgert Thomas dann, unter Berufung auf Augustinus (!), jene Regel, die man selbst unter Thomisten nicht oft genug zitieren kann: „Im Neuen Gesetz fügt die Lehre Christi und der Apostel zu den Geboten des Naturgesetzes sehr wenig hinzu. Allerdings ist einiges später durch die heiligen Vä-

---

[107] Vgl. *G. Söhngen,* Gesetz und Evangelium (s. Anm. 4) 6.

[108] Vgl. *Söhngen,* aaO 57.

[109] Vgl. *Thomas,* Summa Theologiae, I–II 106, 1. Interpretation bei *Kühn,* Via caritatis (s. Anm. 4) 191–198; *Pesch,* Theol. der Rechtfertigung (s. Anm. 4) 439–441; vgl. *ders.;* Das Gesetz (s. Anm. 4) 736–739; sowie *Th.-A. Deman,* Der neue Bund und die Gnade. Kommentar zu Thomas von Aquin: Summa Theologiae I–II 106–114 (= Deutsche Thomas-Ausgabe Bd. 14) (Heidelberg-Graz 1955) 290–294.

[110] Vgl. *Thomas,* aaO I–II 106, 1; vgl. 108, 1–2.

[111] Vgl. aaO 106, 2.

[112] Vgl. aaO 108, 1 obj. 2 und ad 2; auch 107, 4 (s. auch oben Anm. 7).

ter hinzugefügt worden. Hierin ist aber nach den Worten Augustins Maß zu halten, damit der Wandel der Gläubigen nicht zu sehr belastet werde. So spricht er auf die Anfragen des Januarius hin von gewissen Leuten, welche ‚unsere Religion, welche nach Gottes barmherzigem Willen sich der Freiheit erfreuen und nur ganz allgemein bekannte und ganz wenige gottesdienstliche Handlungen haben sollte, mit knechtlichen Lasten niederdrücken – so daß die Lage der Juden erträglicher ist, die doch nur der Last des Gesetzes, nicht aber menschlicher Anmaßung unterworfen sind.“ [113]

Was die Unverfügbarkeit des Evangeliums, die neue, von innen kommende „Lust und Lieb“ zum Gesetz und den damit gegebenen grundsätzlichen Maßstab für das kirchliche Handeln betrifft, so erinnert Luthers „Neuheit“ also nur an eine verschüttete katholische Tradition, die von sich aus nie Anlaß zu jenen Thesen Luthers vom 4. September 1517 gegeben hätte, von denen wir ausgingen – und lutherische Theologen, die sich gründlich mit den Texten beschäftigt haben, erkennen dies an[114]. Neu ist bei Luther, daß das Widereinander von Gesetz und Evangelium nicht nur der Gegensatz zweier heilsgeschichtlicher Epochen ist, bei der man höchstens noch einmal schuldhafterweise in die alte zurückfallen kann[115], sondern eine lebenslange „Existenzdialektik“ [116] – wie beschrieben. Dahinter freilich steht mehr an geistigem Situationswandel, als hier formelhaft auf den Begriff gebracht werden kann[117]. Das *Fazit* jedenfalls darf formuliert werden: So schwach ist die katholische Tradition nicht in

---

[113] AaO 107,4.

[114] Vgl. vor allem *Kühn*, aaO 192–198; 252–263.

[115] Vgl. *Thomas*, aaO 107, 1 ad 2. Zum größeren Zusammenhang bei Thomas vgl. *Pesch*, Theol. der Rechtfertigung (s. Anm. 4) 433–439; 451; *ders.*, Das Gesetz (s. Anm. 4) 671–678.

[116] Vgl. *Kühn*, aaO 262–272; *Pesch*, Das Gesetz, 678–680.

[117] Es geht im Kern um die Frage, wie der paulinische Gegensatz von Gesetz und Verheißung aus der Missionssituation, der Urkirche, in der die „Existenzdialektik“ noch mit dem zeitlichen Bruch der beiden heilsgeschichtlichen Epochen beisammen war, in eine spätere und gar „volkskirchliche“ Situation transponierbar ist. Die gewöhnliche (und einleuchtende) lutherische Auffassung geht dahin, die „Existenzialisierung“ der Formel von Gesetz und Verheißung zu „Gesetz und Evangelium“ eben als den Vorgang jener Transposition zu begreifen. Dem entspricht der Weg vom paulinischen Abgetansein der Sünde zum lutherischen „simul iustus et peccator“. Vgl. dazu vor allem außer *Kühn* die in Anm. 4 genannten Arbeiten von *Ebeling* und die in Anm. 7 und 71 genannten Arbeiten von *Joest*.

allem, wie es einer katholischen Bereitschaft zu ökumenischer Selbstkritik zuweilen erscheinen mag. So kommen wir zum Schluß:

3. Ökumenische Chancen?

Als die evangelischen Kirchenführer Papst Johannes Paul II. am 17. November 1980 in Mainz auch daraufhin ansprachen, daß alle (unterschiedliche) Kirchenordnung doch nur Menschensatzung sei und darum nicht zum unüberwindlichen Hindernis der Einheit aufgerichtet werden dürfe, antwortete ihnen der Papst: „Liebe Brüder, die Ordnung der Kirche ist für uns nicht Menschensatzung, sondern Ausdruck des Willens unseres Herrn Jesus Christus.“ [118] Also alles wie gehabt? Ich meine, einen Fortschritt kann es nicht geben, wenn wir uns nur bekenntnisstolz unsere vertrauten Positionen vorhalten und sie zur gegenseitigen Herausforderung erklären, sondern wenn wir bei den – verborgenen – Offenheiten anknüpfen. Einen Fortschritt wird es nur geben, wenn

a) die lutherischen Kirchen grundsätzlich anerkennen, daß alle Kirchenstruktur und alles kirchliche Amt in dem Sinne von *Gott* und nicht von Menschen „gesetzt“ ist, daß es nur in der Vollmacht Christi ausgeübt wird. Das bedeutet nicht eine lückenlose Herleitung aller Einzelheiten von irgendwelchen Stiftungsworten Jesu. Auch der Papst kann seine Auffassung nicht als historisch belegbare These gemeint haben, sondern als theologischen Ausdruck dafür, daß die geschichtliche Entwicklung der kirchlichen (Ämter-)Strukturen, die auch ohne Reformation noch genug der Brüche kennt, nicht einfach ein langer Weg weg von Christus ist. Ein solches göttliches Gesetztsein anerkennt die evangelische Kirche vorbehaltlos für das Predigtamt[119] – und die katholische Kirche anerkennt das Predigtamt als die wichtigste Aufgabe des kirchlichen Amtes[120]. Sollte es so unmöglich sein, daß die lutherische Kirche sich auch auf die göttliche Di-

---

[118] So laut Bericht von Landesbischof Eduard Lohse in einem Fernsehinterview wenige Tage nach dem Papstbesuch. Vgl. *Deutsche Bischofskonferenz,* Papst Johannes Paul II. in Deutschland (Bonn 1981) 79.

[119] Vgl. CA 5! Zur Sache sei summarisch auf die in Anm. 79 genannte CA-Literatur hingewiesen.

[120] Vgl. das Dekret über den Dienst und das Leben der Priester des Zweiten Vatikanums.

mension in der Leitungsfunktion des kirchlichen Amtes besinnt?[121] Eine solche Besinnung wäre allerdings erst dann möglich, wenn

b) die katholische Kirche ihre hierarchische Struktur nicht so versteht, daß ihr das Zurücktreten hinter dem Evangelium erspart bleibt. Daher hängt alles daran, wie sie den geläufigen Gedanken interpretiert, daß das Amt Christus „repräsentiert". Wenn das heißt, daß das Amt sich mit Christus gleichsetzt, ist der ökumenische Dialog zu Ende[122]. Aber wäre denn nicht einmal – bis in die konkreten Erscheinungsformen hinein – der Gedanke zu versuchen, daß auch die hierarchische Struktur als solche ein Stück Verkündigung sein könnte, daß also, mit anderen Worten, die „Repräsentation" selber worthaft wäre? Es ist nur eine Andeutung[123]. Aber die Folgen würden sich – bei Konsequenz – von selbst einstellen. Das Ende könnte eine Kirchenstruktur sein, die in sich selber etwas vom messianischen Heil deutlich machte, auf die der Christ hofft[124]. Und eine solche Kirche wäre durch sich selbst der lebendige Hinweis darauf, Gesetz und Evangelium „nur ja recht gründlich zu unterscheiden".

---

121 Von *Luther* her sind die Schwierigkeiten geringer, als gewöhnlich vermutet wird. Vgl. *Pesch,* Hinführung (s. Anm. 10) 208–227.

122 Das zu belegen genügt der Hinweis auf das in Anm. 12 erwähnte Buch von *G. Maron.*

123 Vgl. *Pesch,* Gesetz und Gnade (s. Anm. 5) 65–71.

124 Ich mache mir damit gern den Grundgedanken von *J. Moltmann* zu eigen: Kirche in der Kraft des Geistes. Ein Beitrag zur messianischen Ekklesiologie (München 1975).

DRITTE STUDIE

Der „katholische“ und der „lutherische“ Luther

Eine späte Antwort an Peter Manns

„Jedermann sei schnell bereit zum Hören – aber langsam zum Reden und langsam zum Zorn“, sagt der Jakobusbrief (1,19). Gern würde ich mich auf dieses Wort berufen, doch leider ist es nicht solche Tugend, die mich erst heute auf den Frontalangriff antworten läßt, den Peter Manns 1967 gegen mich und meine Arbeit in der Lutherforschung (und die einiger Kollegen) eröffnet hat. Seine kleine, aber gehaltvolle Schrift „Lutherforschung heute. Krise und Aufbruch“ [1], auf deren Thesen Manns auch bei späteren Gelegenheiten mit wohlformulierten Seitenhieben immer wieder zurückgekommen ist, hätte nach allen wissenschaftlichen Gepflogenheiten eine alsbaldige Gegenschrift, zumindest eine ausführliche Rezension des Betroffenen notwendig gemacht. Es kam nicht dahin, und die Gründe sind schwer abzuklären. Wahrscheinlich war es ein Gemisch aus Arbeitsüberlastung (erste Jahre akademischer Lehrtätigkeit mit dem besonderen Gewicht der Lehrveranstaltungsvorbereitung, dazu bald mehr Nebentätigkeit, als zuträglich), Lustlosigkeit, auch Ratlosigkeit – und nicht zuletzt eine gute Portion des dem Kölner angeborenen Phlegmas, das außer dem lieben Gott selbst kaum noch etwas ganz ernst nehmen kann, am allerwenigsten die eigene Gedankenakrobatik. In der Tat: Mein von Peter Manns viel apostrophiertes neues „Programm“ der Lutherforschung habe ich in keinem Augenblick so ernst nehmen können, daß ich es eines solch gewaltigen Angriffs für würdig gehalten hätte. Aus dem folgenden wird vielleicht noch deutlich, warum.

---

[1] In der Reihe: Veröffentlichungen des Instituts für Europäische Geschichte Mainz, Bd. 46, Abteilung Abendländische Religionsgeschichte, hg. von J. Lortz (Wiesbaden 1967). Eingeklammerte Zahlen im Folgenden beziehen sich auf die Seiten dieser Schrift.

Immerhin: Eine „Antwort an Peter Manns“ sollte irgendwann kommen, und stets hatte ich mir vorgestellt, sie im Rahmen einer größeren neuen Veröffentlichung zu Luthers Theologie zu geben, die aber aus verschiedensten Gründen jahrelang nicht vorwärts kam[2]. Nun versuche ich sie, in nochmaliger Änderung ursprünglicher Pläne, im Rahmen dieser „Quaestio disputata“ – und das scheint mir mit Abstand der angemessenste Ort.

I. Eine versöhnliche Vorbemerkung

Die Antwort muß mit dem Hinweis beginnen, daß sie unter ganz anderen persönlichen und sachlichen Voraussetzungen erfolgt als damals der Angriff. Zwar kann ich nur bestätigen, was Peter Manns im Vorwort seiner Schrift mehrfach deutlich macht: daß die sachliche Fehde in keinem Augenblick die guten persönlichen Beziehungen vergiftet hat. Aber damals kannten wir uns erst seit kurzem (nämlich seit dem Lutherforschungskongreß in Järvenpää bei Helsinki im August 1966). Heute sind wir seit über einem Jahrzehnt persönliche Freunde. Außerdem, und das ist wichtiger, hat sich der sachliche Kontext heutiger Lutherforschung gegenüber 1967 verändert. Der frohen Zuversicht, innerhalb einer absehbaren Zeit unter den Antriebskräften des Zweiten Vatikanischen Konzils das gewandelte Lutherbild der katholischen Kirchen- und Theologiegeschichtsschreibung zum festen geistigen Besitz der gesamten katholischen Öffentlichkeit, wenigstens in Deutschland, zu machen, kann man heute offensichtlich nicht mehr sein – damals war ich ihr erlegen, und ein bißchen sicher auch Peter Manns. Überdies sind die großen alten Pioniere dieses gewandelten katholischen Lutherbildes tot: Joseph Lortz, Hubert Jedin, August Franzen, Adolf Herte, Robert Grosche, Otto Karrer, Albert Brandenburg – um nur diese zu nennen. Das Häuflein katholischer Lutherforscher ist klein geworden, der „Nachwuchs“ bleibt spärlich, wenngleich er zu Hoffnungen Anlaß gibt[3]. Da heißt es zusammenstehen. Das gemeinsame Anliegen, das

---

[2] Sie liegt jetzt vor unter dem Titel: Hinführung zu Luther (Mainz 1982).

[3] Vgl. bes. *W. Schwab*, Entwicklung und Gestalt der Sakramententheologie bei Martin Luther (Frankfurt/Bern 1977); aber auch, trotz aller sachlichen Kontroversen gerade

Rad der katholischen Lutherforschung nicht wieder zurückdrehen zu lassen, muß absolute Priorität vor allen sachlichen Kontroversen haben. Peter Manns hat das früher öffentlich ausgesprochen, als ich das angesichts meines hartnäckigen Schweigens erwarten durfte, und er hat in einer Weise sich vom Angriffsstil seiner damaligen Schrift distanziert, die mich beschämt, weil ich jede Art von „Entschuldigung" in diesem Fall für gänzlich unnötig erachte. Immerhin habe auch ich Anlaß genug, vorab den Freunden und Kollegen von der „Lortz-Schule" Abbitte zu leisten und zu sagen: Patres Fratresque, peccavi! Vor allem: Patriarcha, peccavi! Begründung folgt!

Aber wie bei Peter Manns, so betrifft die Abbitte vor allem den Stil, manchen Zungenschlag, manches latente und immer wieder Unterstellungen produzierende Mißtrauen – nicht die Sachfragen. Diese *müssen* ausdiskutiert werden, und im folgenden soll das wenigstens so weit versucht werden, daß klar wird, wo genau die Differenzen liegen; wo ich sie jedenfalls zu sehen meine.

Vorab noch eine letzte versöhnliche Bemerkung: Peter Manns sucht im Vorwort seiner Schrift ausführlich zu erklären und gegen Mißverständnisse abzusichern, daß seine Überlegungen als Buchveröffentlichung in der renommierten Reihe des Mainzer Institutes erschienen ist. Dazu kann ich nur gestehen: Ich bin in keinem Augenblick den Mißverständnissen erlegen, die Manns befürchtet, vor allem nicht dem, es handle sich hier um ein „Manifest" der „Lortz-Schule". Ich fand und finde genau diese Art der Veröffentlichung seines Angriffs die angemessene: nicht versteckt in einer Fachzeitschrift, nicht mediengefährdet in einem kommerziellen Verlag, sondern eingebunden in die Arbeit des Mainzer Institutes. Denn zwar hat unsere Kontroverse ohne Zweifel auch Auswirkungen auf die öffentliche Meinungsbildung über Luther, soweit diese überhaupt wissenschaftlich steuerbar ist. Die Kontroverse selbst aber ist eine Hintergrundreflexion, eine veritable „Fachsimpelei", die durch öffentliches Aufsehen nicht gefördert, sondern behindert würde. In diesem

---

mit P. Manns, *V. Pfnür,* Einig in der Rechtfertigungslehre? Die Rechtfertigungslehre der Confessio Augustana (1530) und die Stellungnahme der katholischen Kontroverstheologie zwischen 1530 und 1535 (Wiesbaden 1970). Weitere Namen, so vorhanden, weiß keiner besser zu nennen als Peter Manns selber. Zu Pfnür vgl. auch w. o. Erste Studie, S. 28–30.

Sinne gilt Joseph Lortz noch über das Grab hinaus mein Dank, daß er als Herausgeber damals gerade dieser Form der Veröffentlichung zugestimmt hat.

Doch nun zur Sache, die, des schon nicht mehr geringen zeitlichen Abstandes wegen, mit einem kurzen, auch autobiographisch gefärbten Bericht beginnen muß. Übrigens: Die Lektüre der Schrift von Peter Manns sei nachdrücklich empfohlen! Sie ist auch heute noch ein Leservergnügen, und sie ist mehr als das.

II. Der Streit

Anlaß der Streitschrift von Peter Manns sind meine beiden Berichte über den Stand der katholischen Lutherforschung und Lutherbeurteilung aus dem Jahre 1966[4]. Wiederholt bezeichnet Manns diese beiden Aufsätze bzw. ihren Inhalt als „Manifest", als ein „neues Programm", als „Forschungsprogramm", als „neuen Ansatz", als Startschuß zu einem „Aufbruch mit System" (V, IX, XIII, 2, 3, 5 u. ö.). Das ist eine klare Dramatisierung des Inhaltes der beiden Beiträge, die dem unbefangenen Leser gewiß auffallen wird. Was ist die – in diesem Falle ganz banale – Wahrheit?

Im Frühjahr 1966, also, wie jeder Kundige weiß, recht spät, erhielt ich die Bitte der Redaktion der „Lutherischen Rundschau", über den Stand der katholischen Lutherforschung zu berichten. Der Aufsatz sollte in Heft 3/1966 erscheinen, das den Titel „Lutherforschung seit 1945" tragen und rechtzeitig vor Beginn des Lutherforschungskongresses im August vorliegen sollte. Ich war nicht die erste Wahl. Wenn mich meine Erinnerung nicht völlig täuscht, war Stephanus Pfürtner angefragt, der wegen Arbeitsüberlastung den Auftrag an mich weitervermittelte.

Ich dozierte damals seit einem Dreivierteljahr, hatte ein paar Aufsätze veröffentlicht, ein weiterer – der über die Bizer-Kontroverse[5] –

---

[4] Vgl. *O. H. Pesch,* Zwanzig Jahre katholische Lutherforschung, Luth. Rundschau 16 (1966) 392–406 (im Folgenden: Zwanzig Jahre); engl. unter dem Titel: Twenty Years of Catholic Luther Research, Lutheran World 13 (1966) 303–316; *ders.,* Abenteuer Lutherforschung. Wandlungen des Lutherbildes in katholischer Theologie, Die Neue Ordnung 20 (1966) 417–430 (im Folgenden: Abenteuer).

[5] Vgl. *O. H. Pesch,* Zur Frage nach Luthers reformatorischer Wende. Ergebnisse und

war in Druck, ebenso meine Dissertation über „Theologie der Rechtfertigung bei Martin Luther und Thomas von Aquin", deren Erscheinen vor dem Lutherforschungskongreß aber mit Sicherheit nicht mehr zu erwarten, ja wegen der dem Umfang entsprechenden Korrekturarbeiten zuzüglich Register-Erstellung zeitlich noch nicht absehbar war – es wurde dann ja auch November 1967. Zum Lutherforschungskongreß war ich freilich schon, zusammen mit Stephanus Pfürtner, eingeladen, und zwar auf Empfehlung von Paul Althaus und Gerhard Gloege, mit dem Pfürtner und ich damals gerade höchst spannende gemeinsame Seminare in Bonn abhielten[6]. Für einen Anfänger im Fach war das alles, wie leicht begreiflich ist, eine einmalige Chance, sich (fach)weltöffentlich vorzustellen. Obwohl ich es mir arbeitsökonomisch eigentlich gar nicht leisten konnte, nahm ich den Auftrag an und erarbeitete den Bericht so sorgfältig, wie es die persönlichen und zeitlichen Umstände erlaubten. Natürlich widerstand ich nicht der Versuchung, im Schlußteil nicht nur auf meine eigene bald erscheinende Dissertation hinzuweisen (vom Verfasser in der 3. Person redend, als ob ich nicht selbst der Verfasser des Berichtes wäre, denn so hatte ich es in anderen Forschungsberichten gelesen und so, glaubte ich als Anfänger, müsse das sein!), sondern auch auf einige noch ungedruckte, aber abgeschlossene Dissertationen von Freunden, die ich aus gemeinsamer Studienzeit kannte. Wenn ich recht verstehe, scheint vor allem dieser letzte Abschnitt Peter Manns in der Auffassung bestätigt zu haben, da habe sich ein Stoßtrupp angriffslustiger junger Leute zusammengerottet, der nun „mit System" die historische Lutherforschung im allgemeinen und die ehrwürdige „Familia Lortziana" zu „überrollen" sich

---

Probleme der Diskussion um Ernst Bizer, Fides ex auditu, Catholica 20 (1966) 216–243; 264–280, abgedruckt in: B. Lohse (Hg.), Der Durchbruch der reformatorischen Erkenntnis bei Luther (Darmstadt 1968) 445–505. – Manns spart nicht mit Lob für diesen Beitrag – eine Nacharbeit zur Dissertation –, versteht es aber dann geschickt, auch daraus noch Munition für seine Streitschrift zu gewinnen; vgl. aaO 61 Anm. 192 mit den Anmerkungen auf den folgenden Seiten, bes. 70 Anm. 220 und 72 Anm. 226. Zu meiner heutigen, die damalige „Arbeitshypothese" vertiefenden Position vgl. Hinführung zu Luther, 90–102.

[6] Mit sehr erfreulichen Verbindungslinien bis zu meiner gegenwärtigen Tätigkeit in Hamburg, denn der heutige Präsident der Universität Hamburg, Dr. Peter Fischer-Appelt, war damals Assistent bei Gerhard Gloege. Ebenfalls aus dieser Zeit stammt die wissenschaftliche und freundschaftliche Verbundenheit mit Hans F. Geißer, heute Zürich, der sich damals bei Gloege habilitierte.

anschicke. Doch wie man sieht: nichts davon ist wahr, und von den meisten der Genannten hört man heute in der Lutherforschung kaum noch etwas – leider! Mein Bericht aber wurde gedruckt, und zwar sofort gleichzeitig in der deutschen wie in der englischen Ausgabe der „Lutherischen Rundschau", und lag pünktlich zum Kongreß vor. Später teilte mir der Lutherische Weltbund freundlich mit, man sei einer Anregung aus den USA gefolgt und habe von der englischen Fassung meines Berichtes 11 000 zusätzliche Sonderdrucke herstellen lassen und an die lutherischen Pastoren in den USA verschickt – nebenbei bemerkt: ohne einen Pfennig zusätzliches „Erfolgshonorar", aber die Sache hat mich natürlich trotzdem sehr gefreut.

Wie es dann oft so geht: Der wissenschaftlichen Studie folgt die Bitte um eine allgmeinverständliche Umarbeitung für ein nichtfachliches Publikum auf dem Fuße (wobei man heute schon froh sein muß, wenn die Reihenfolge nicht umgekehrt wird). Ich schrieb also für die Zeitschrift „Die Neue Ordnung" den Bericht unter dem Titel „Abenteuer Lutherforschung", der, wie Peter Manns mit Recht anmerkt (1 Anm. 2), in der Sache nichts Neues bringt. Allerdings wurde um des anderen Leserkreises willen der Berichtszeitraum wesentlich erweitert – nämlich bis zurück zu Heinrich Denifle am Anfang des Jahrhunderts. Und außerdem habe ich meine Auffassungen aus der „Lutherischen Rundschau" in diesem Aufsatz nicht nur, wie Manns (ebda.) urteilt, wiederholt, vielmehr glaube ich, daß ich in diesem Aufsatz meine kritischen Vorbehalte gegen die Position der „Lortz-Schule" am schärfsten und wohl auch am klarsten formuliert habe – alle späteren Äußerungen dazu standen ja bereits unter dem Eindruck der Manns'schen Attacke und geben sich daher vorsichtiger. Jedenfalls war es dieser Aufsatz und nicht so sehr der in der „Lutherischen Rundschau", der ein Jahr später, ungefähr gleichzeitig mit dem Erscheinen von Manns' Streitschrift, Hubert Jedin auf den Plan rief zu seiner großen Gegenattacke, die in dem Satz gipfelte: „Wer aber den ganzen Luther katholisch machen will, der wird selbst Lutheraner[7]."

Doch damit ist vorgegriffen. Vor dem zweiten Aufsatz liegt der

[7] Vgl. *H. Jedin*, Zum Wandel des katholischen Lutherbildes, in: H. Gehrig (Hg.), Martin Luther. Gestalt und Werk (Karlsruhe 1967) 35–46, hier: 46.

Kongreß in Finnland. Aus Titeln wurden Gesichter, und so auch aus den Titeln von Erwin Iserloh und Peter Manns. Dieser schildert die Begegnungen und Gespräche bei den Mahlzeiten und in den Pausen wie taktisch vorsichtige „Feindberührungen“, und in der Rückschau mögen sie sich durchaus als solche darstellen. Ich, der arglose Anfänger, nahm jedoch viel harmlosere Erinnerungen über die Ostsee mit zurück: Austausch unterschiedlicher Meinungen, gelegentliches Geknurre, gelegentlich ein Schlagabtausch mit dem Florett. Und vor allem den in der Tat unauslöschlichen Eindruck der großen Antwort von Peter Manns, als Gerhard Ebeling in der Diskussion die „substanzontologische“ Interpretation der Inkarnation kritisiert hatte. Ganz und gar nicht kam mir jedoch in den Sinn, nun zum Exponenten einer „gegnerischen Schule“ aufgestiegen zu sein. Ganz im Gegenteil, der Respekt und die entsprechende Lernbereitschaft gegenüber der viel größeren fachlichen Kompetenz der Kollegen Iserloh und Manns und ihrer Freunde war mir so selbstverständlich, daß ich sie als Quelle einer möglichen Kontroverse nicht einmal reflektierte. Wie ich ja denn auch als Systematiker bis heute – Peter Manns mag es glauben oder nicht – eine gewisse ehrfurchtsvolle Scheu vor den Historikern nicht loswerde, die es im Ernstfall stets verstehen, einen mit den Methoden des Systematikers mühsam genug und ohnehin immer nur provisorisch gebahnten Weg möglichen weiteren Nachdenkens mit einigen historischen Felsbrocken wieder zu versprren, die sie aus den unermeßlichen Räumen ihres historischen Gedächtnisses schnell herbeizuschaffen in der Lage sind.

So schickte ich jedenfalls Peter Manns einen Sonderdruck von „Abenteuer Lutherforschung“, nicht ahnend, daß ich damit einen weiteren Stein, ja einen ganzen Steinschlag lostrat. Was weiter geschah, kann man im Vorwort der Schrift von Peter Manns nachlesen. Die Urfassung der Streitschrift wurde am 13. Januar 1967 unter dem Titel: „Katholische Lutherforschung am Scheideweg: Historische oder existentiale Deutung?“, vor einem vielhundertköpfigen Publikum in einem überfüllten Auditorium vorgetragen. Ich war – unter höchst komfortablen äußeren Bedingungen – dabei. Der rauschende Beifall, verdiente Anerkennung für Peter Manns' kraftvolle Argumentation und, nicht zuletzt, wie immer hinreißenden Vortragsstil, mußte bei allen Anwesenden den Eindruck erwecken, daß das gefährliche Feuerchen einer katholischen „existentialen Luther-

deutung" gerade noch einmal rechtzeitig ausgetreten werden konnte. Übrigens lernte ich erst bei dieser Gelegenheit Joseph Lortz persönlich kennen – und unweigerlich verehren, ein Vorgang, der bekanntlich die Austragung von Kontroversen nicht einfacher macht.

An den Vortrag schloß sich eine bis tief in die Nacht sich hinziehende Diskussion im „Hause Lortz" (und bei den Schätzen aus seinem Weinkeller) an, bei der ich in das konzentrische Feuer vor allem von Erwin Iserloh, Peter Manns und – wesentlich zurückhaltender – Joseph Lortz selbst geriet und mich in meiner Eigenschaft als angeblicher „katholischer Ebeling-Nachwuchs" zu rechtfertigen hatte. Ich glaube nun, einigermaßen lernfähig zu sein, aber eine Position vermag ich erst zu räumen, wenn ich den Fehler eingesehen habe. An diesem Abend verstand ich manches (noch) nicht, was mir entgegengehalten wurde, um so dankbarer war ich für die wirkungsvolle Entlastung durch einige evangelische Gesprächsteilnehmer.

Der Vollständigkeit halber soll ein pikantes Detail nicht übergangen werden. Unter den Zuhörern des Vortrags und später in der Gesprächsrunde saß, sein Schweigen niemals brechend, der für die Erteilung des „Nihil obstat" und damit für die kirchliche Druckerlaubnis für meine Dissertation zuständige Zensor beim Mainzer Generalvikariat. Peter Manns hat das, wie er mir vor dem Vortrag sagte, zu spät erfahren, als die „Aktion" nicht mehr abzublasen war. Vortrag und Gespräch haben denn auch die kritischen Augen des Zensors zusätzlich geschärft: Es kam zu Bedenken gegen einige Passagen meiner Dissertation, denen gegenüber der Zensor sich zu einem Votum außerstande sah und die Angelegenheit Kardinal Volk persönlich vorlegte. Die Sache ist dann aber mit allergrößter Fairness in einer „Dreiecks-Konsultation" zwischen Kardinal Volk, meinem Doktor-Vater Heinrich Fries und mir zur vollen Zufriedenheit aller Beteiligten geklärt worden – gerade auch zu *meiner* vollen Zufriedenheit, denn mir ist keinerlei intellektuelle Unredlichkeit zugemutet, wohl aber die Gelegenheit gegeben worden, einige wesentliche Überlegungen im Schlußteil der Arbeit präziser und differenzierter als im ursprünglichen Text zu formulieren[8].

---

[8] Manns bezog auch die Druckfahnen meiner Dissertation in den Vortrag, und dann auch in die Streitschrift ein, in die er sich beim nahen Matthias-Grünewald-Verlag Ein-

Der Rest ist schnell erzählt. Dem Mainzer Ereignis am Anfang des Jahres folgte Ende des Jahres in Gestalt der Streitschrift die wesentlich erweiterte und anmerkungsreiche Veröffentlichung des Vortrags. Wieder ein Jahr später, am 27. November 1968, kam endlich, nach mehrmaligen Terminengpässen, deren die Beteiligten nicht Herr waren, mein „Gegenvortrag" vor dem Mainzer Institut zustande, den ich im Februar 1969 veröffentlichen konnte[9]. Danach ging, wie schon angedeutet, die Kontroverse jahrelang in Form von Nebensätzen und Anmerkungen in Aufsatz-Veröffentlichungen[10],

---

blick verschaffen konnte. Das ärgerte mich damals, denn keiner seiner Hörer konnte etwas nachprüfen. Doch mußte ich einsehen, daß Druckfahnen schon als „öffentlich" zu gelten hatten. Um so mehr bedaure ich, daß Manns nicht dazu kam, eine von ihm übernommene Rezension zu erarbeiten, und daß daher in der für den deutschen Sprachraum wichtigen „Theologischen Revue" niemals eine Besprechung meines Buches erschienen ist. Manns, der in seiner Streitschrift das (angebliche) „Programm" des neuen „ökumenischen Aufbruchs" so minutiös bis in alle Winkel ausleuchtet und überall nur brüchige Wände entdeckt, hat somit nie erkennen lassen, wie er seine Kritik am durchgeführten Versuch verifiziert. Dies ist um so bedauerlicher, als Manns ja nicht nur mir und anderen Fehlinterpretation der Lehre des Thomas von Aquin (von Luther zu schweigen) vorwirft, sondern gelegentlich direkt Kritik an Thomas anmeldet (vgl. etwa 13f. Anm. 40; 18 Anm. 59; 32 Anm. 116; 44; 55). Dies sei aber auch die einzige Bösartigkeit, die ich mir bei diesem Versuch einer versöhnlichen Antwort erlaube. Weiß ich doch zur Genüge, daß die Wände des Glashauses, in dem ich im Hinblick auf geplante und zugesagte Besprechungen selber sitze, äußerst dünn sind.

[9] Vgl. *O. H. Pesch,* Luthers theologisches Denken – eine katholische Möglichkeit? Die Neue Ordnung 23 (1969) 1–19.

[10] Bei *Manns* vgl. z. B. Amt und Eucharistie in der Theologie Martin Luthers, in: P. Bläser u. a., Amt und Eucharistie (Paderborn 1973) 68–173, hier bes. 172f.; Zum Vorhaben einer „katholischen Anerkennung" der Confessio Augustana. Ökumene auf Kosten Martin Luthers?, Ökumen. Rundschau 26 (1977) 426–450, hier 442ff.; Welche Probleme stehen einer „katholischen Anerkennung" der Confessio Augustana" entgegen und wie kann man sie überwinden?, in: H. Fries u. a., Confessio Augustana. Hindernis oder Hilfe? (Regensburg 1979) 79–144, hier bes. 82; 96f.; 122; Das Lutherjubiläum 1983 als ökumenische Aufgabe, Ökumenische Rundschau 30 (1981) 290–313, hier 294f.; „Lortz, Luther und der Papst". Zur Neuausgabe der „Reformation in Deutschland" = Nachwort in: J. Lortz, Die Reformation in Deutschland (Freiburg i. Br. [6]1982 = unveränderte Neuaufl. in 1 Band), II, 353–391, hier 383f. (im Folgenden: „Lortz"); „Katholische Lutherforschung in der Krise"?, in: P. Manns (Hg.), Zur Lage der Lutherforschung heute (Wiesbaden 1982) 90–128, hier 91f.; 102–110 (im Folgenden: „Krise").

Bei mir vgl. z. B. Existentielle und sapientiale Theologie. Hermeneutische Erwägungen zur systematisch-theologischen Konfrontation zwischen Luther und Thomas von Aquin, ThLZ 92 (1967) 731–742, hier bes. 738f.; Luthers theologisches Denken (s. Anm. 9) bes. 15ff.; Der gegenwärtige Stand der Verständigung [über Luther], Concilium 12 (1976) 534–542, hier bes. 538f.; „Um Christi willen ..." Christologie und Rechtfertigungslehre in der katholischen Theologie: Versuch einer Richtigstellung,

auch in kleinen „Sticheleien“ bei Vorträgen und kurzen Florettgefechten bei Tagungen und Symposien, nicht zuletzt solchen im Hause Lortz weiter, öffentlich nicht zugänglichen Briefwechsel nicht mitgezählt. Da meine Dissertation ebenfalls im Herbst 1967 erschien[11], geriet sie nicht selten zusammen mit der Streitschrift von Peter Manns in die Hände der Rezensenten. Evangelische Beurteiler haben dann gelegentlich zu meinen Gunsten auf Peter Manns mit einer Verständnislosigkeit für die von ihm aufgeworfenen Probleme reagiert, über die ich niemals glücklich war[12]. Trotzdem kam es nie zu einer ins Grundsätzliche gehenden Aussprache. Dieser Zustand darf nun das Jahr des 500-jährigen Geburtstages Luthers nicht überdauern. Peter Manns war es schließlich, der im Zusammenhang der Diskussion um eine mögliche Anerkennung des Augsburger Bekenntnisses vor einer „Ökumene auf Kosten Luthers“ warnte[13] (und dafür auch, wie für Eingeweihte aktenkundig ist, eine zunehmende sachliche Distanz von seinem Freunde Iserloh in Kauf nahm). Dieses Anliegen aber verbindet mich mit Peter Manns mehr als alle Kontroversen. Und darum nun zur Sache!

III. Die Streitfragen – und eine Antwort

Die Sachprobleme, die Peter Manns in seiner Streitschrift aufnimmt, gehören unstreitig zu den schwierigsten Problemen theologischer Methodologie. In immer neuen Anläufen bewegt er sich auf sie zu, umkreist sie, sucht sie „auf den Punkt zu bringen“. Und in den Anmerkungen geht er in solcher Intensität auf Detailfragen und Seitenthemen ein, daß in vielen von ihnen jeweils noch einmal die Skizze eines eigenen Aufsatzes steckt. Man wird zu gegebener Zeit und in gegebenem Zusammenhang immer wieder in diese ausgebrei-

---

Catholica 35 (1981) 17–57, hier: 33 Anm. 43; „Ketzerfürst“ und „Vater im Glauben“. Die seltsamen Wege katholischer „Lutherrezeption“, in: H. F. Geißer u. a., Weder Ketzer noch Heiliger. Luthers Bedeutung für den ökumenischen Dialog (Regensburg 1982) 123–174, hier: 133f.; 145; 170 Anm. 40.

[11] Theologie der Rechtfertigung bei Martin Luther und Thomas von Aquin. Versuch eines systematisch-theologischen Dialogs (Mainz 1967).

[12] Vgl. z. B. *U. Kühn* in: ThLZ 93 (1968) 883–885; *H. A. Oberman* in: Kerk en Theologie 20 (1969) 188. Positiv urteilt *B. Lohse,* Ökumen. Rundschau 26 (1977) 104f.

[13] Vgl. *P. Manns,* Ökumene auf Kosten Martin Luthers? (s. Anm. 10).

tete Materialfülle hineinschauen und auf dies und jenes zurückkommen. Hier allerdings ist es weder möglich noch erscheint es fruchtbar, mit gleicher Detailbesessenheit zu antworten. Ich hebe vier Fragenkomplexe heraus, um die bei Peter Manns alles kreist und in denen das ganze Gewicht der von ihm gestellten Fragen beschlossen liegt. Daß ich mich dabei nicht täusche, beweisen die beiden jüngsten Zusammenfassungen unseres Streitgegenstandes, die Manns selber gegeben hat[14].

Ich halte mich auch nicht mehr damit auf, mich weitläufig selbst zu interpretieren und meine beiden Forschungsberichte, die Anlaß und Gegenstand der Manns'schen Streitschrift sind, zu verteidigen – von wenigen Einzelheiten abgesehen. Vielmehr möchte ich, getreu dem berühmten Barth-Wort: „Was geht mich mein saudummes Geschwätz von gestern an?", zu den vier im Folgenden aufgenommenen Fragen das erwidern, was ich *heute* dazu glaube sagen zu können.

1. Die theologiegeschichtliche und geschichtstheologische Bedeutung der „Lortz-Schule"

Diese Frage, die erste, die auch Manns zur Debatte stellt, dürfte die einfachste sein. Unumwunden gestehe ich, daß ich die Arbeiten aus der Lortz-Schule viel zu unzureichend gelesen hatte und habe, sowohl die des „Altmeisters" selber als auch erst recht die seiner Schüler. Manns macht aus der Fülle seiner langen Zusammenarbeit mit Lortz in den Anmerkungen immer wieder auf Veröffentlichungen aufmerksam, von denen ich damals nicht einmal den Titel wußte und die ich auch bis heute nicht alle lesen konnte. Daß die physischen Kräfte begrenzt sind und daß der Tag nur 24 Stunden hat, von denen man unter den jeweiligen klimatischen Bedingungen im Rheinland 8, in München 7, in Hamburg 9 Stunden für den Schlaf abzweigen muß, gehört ja wohl auch zu jener „Geschichtlichkeit" (im Manns'schen *und* im Pesch'schen Sinne!) der Theologie, die Manns immer wieder beschwört. Ganz unverzeihlich ist es jedoch, daß ich bei der Aufzählung der ökumenisch-theologischen Institute in Deutschland das Mainzer Institut, schließlich das älteste von al-

---

[14] Vgl. *Manns*, „Lortz", 383 f.; *ders.*, „Krise", 102–110.

len, gar nicht erwähnte[15] – es ist freilich kein „typisches Beispiel dieser Taktik" (4 Anm. 7), sondern etwas viel Schlimmeres: schlichtes Vergessen.

Anderseits: es ist ein Mißverständnis, wenn Manns mir (und meinen Kollegen von der sog. „systematischen" Schule) unterstellt, ich hätte (bzw. wir hätten) einen „Exklusivanspruch" auf eine allein ökumenisch tragfähige Lutherinterpretation angemeldet (z.B. VI, XII, 3, u.ö.) und gar die bisher vorliegenden Arbeiten der katholischen Lutherforschung als unzureichend und falsch „verworfen" (38). An einigen Stellen läßt Manns denn auch erkennen, daß ich das nicht geschrieben habe, er vielmehr es aus meinen Formulierungen als Schlußfolgerung ableitet (z.B. 5 Anm. 9, 7 Anm. 13). Meine Redeweise vom „endgültig überschreiten" u.ä., die ich, weil mißverständlich und zudem ungerecht, heute bedaure, ist anders gemeint – und ich meine, das ließe sich meinem Text auch entnehmen[16]. Und selbst wenn es so wäre, wie Manns vermutet, so bedeutet das keineswegs, daß man von der „überschrittenen" Position nicht zunächst viel gelernt und noch immer zu lernen hätte – was ich für mich in Anspruch nehme.

Näher an den wahren Sachverhalt und damit an die Ursprünge meiner Lortz-Kritik dürfte folgender, wiederum ganz banaler Hinweis führen: Wer einen „Forschungsbericht" schreibt, möchte, wenn er dabei nur einen Funken schriftstellerischen Ehrgeiz entwickelt, nicht nur ein kommentiertes Literaturverzeichnis bieten. Man möchte „Entwicklungslinien" und „Trends" aufzeigen, Fragestellungen einander zuordnen, Bewegungsrichtungen der Forschung aufdecken. Wie von selbst sucht man das unerläßliche chronologische Element mit einem sachlich-inhaltlichen zu einer plausiblen Gliederung zu verbinden. Geht es nun um die katholische Lutherforschung seit 1945, dann fängt es eben mit einer Rückblende auf Lortz (und einige andere) an. Da anderseits „Zwanzig Jahre" ein

---

[15] Abenteuer, 430.

[16] Manns liebt – hier wie auch sonst – die Darstellungsmethode des „Zitatsplitters". Das ist vergnüglich zu lesen, dient aber nicht immer der Klarheit der Information. In der Tat findet sich auf diese Weise in der Streitschrift fast jedes Wort und jeder Halbsatz meiner beiden Aufsätze – wie die Teile eines Riesenpuzzles. Aber man kann es unter Anleitung von Manns nur schwer zusammensetzen. Wer es also *ganz genau* wissen möchte, muß denn doch noch einmal, und zwar von Manns möglichst unbeeinflußt, meine beiden Berichte im Zusammenhang lesen. Nichts für ungut!

kleiner Zeitraum sind, überlappen sich natürlich die ausgemachten inhaltlichen Neuansätze chronologisch, die Folge ist eine Gliederung, die notgedrungen Abgrenzungen mehr überschärft, als es der Realität entspricht. *Das* ist der banale Grund für das, was Manns als „verfrühte Lorbeerkränze" (VI) empfindet. Übrigens: sollte Manns nicht das „klammheimliche Lustgefühl" des Anfängers nachempfinden können, der eine Chance wittert, sich zur Profilierung eines eigenen Versuchs an einem großen alten Mann des Fachs zu „reiben"?

Ein höchst ernsthafter Grund kam hinzu. Mir fiel sehr bald auf, daß die katholischen Lutherforscher und überhaupt die aufgeschlossenen katholischen Theologen Lortz feierten und gegenüber ihren evangelischen Gesprächspartnern voller Stolz auf den erreichten „Durchbruch" hinwiesen, während die evangelischen Lutherforscher das Lortz'sche Lutherbild zwar als das einzige anerkannten, das eine ernsthafte Auseinandersetzung lohne, zugleich ihm aber in allen entscheidenden Punkten, an denen für katholische Beurteiler gerade der „Durchbruch" hing, z. T. heftig widersprachen[17]. Das besagt nun für die viel zitierte „Wahrheitsfrage" gar nichts, und ich habe auch dieser Kritik keinesfalls einfach zugestimmt, und schon gar nicht fühle ich mich eines „ökumenischen Opportunismus" (14) schuldig. Aber die evangelische Lortz-Kritik muß doch zumindest Anlaß sein dürfen, zu fragen, wieweit sie denn recht hat – was selbstverständlich nicht durch gegenwärtige ökumenische Wünsche, sondern allein durch das Studium Luthers selbst zu entscheiden ist.

Soviel zu den Ursprüngen meiner Lortz-Kritik. Ist sie nun inzwischen dank empfangener besserer Belehrung gegenstandslos? Die dem Historiker geläufige „Majestät der Tatsachen" gebietet, folgendes festzustellen:

Tatsache 1: Von einer bestimmten Zeit an werden (katholische) Lutherarbeiten geschrieben, die sofort „zur Sache" kommen und darauf verzichten, die untersuchte Lehre Luthers in den Zusammenhang biographischer oder persönlichkeitsbedingter Faktoren zu rükken – so wie man ja auch Untersuchungen über Augustinus, Bonaventura, Thomas oder Duns Scotus schreibt, ohne dabei beständig

---

[17] Vgl. Zwanzig Jahre, 397 (mit Anm. 26f.); Abenteuer, 423 (mit Anm. 33).

den biographischen Hintergrund einzubeziehen. Lortz dagegen schreibt noch zur Zeit meiner Forschungsberichte und später Abhandlungen über Luthers „geistige Struktur", hält also, wenn auch selbstverständlich nicht ausschließlich und selbstverständlich mit Recht, dieses Problem in bezug auf Luthers Theologie für erhellend[18], während zur gleichen Zeit seine beiden wichtigsten Schüler, Erwin Iserloh und Peter Manns selbst, sich kaum noch darum kümmern[19]. Manns hat denn auch in der Streitschrift (26) die bekannte „Subjektivismus"-These seines Lehrers billigend bestätigt, sie aber im Nachwort zur Neuausgabe der „Reformation in Deutschland" als korrekturbedürftig vermerkt[20]. Und in seiner jüngst vorgelegten faszinierenden Biographie Luthers reduziert Manns die biographischen und persönlichen Faktoren, was eine eigene, *spezifisch reformatorische,* also „lutherische" Theologie Luthers angeht, so sehr auf allgemeine Umstände, Sachzwänge und Mißverständnisse, daß es selbst einen Vertreter des „hermeneutisch-systematischen Ansatzes" schon wieder leicht ungläubig macht[21]. Der *Theologe* Luther bleibt dabei ein blut- und kraftvoller, künftiger Heiligsprechung absolut unverdächtiger, gestandener Katholik – nur die Verhältnisse, die waren nicht so.

Tatsache 2: Lortz versteht Luther vor dem Hintergrund der ockhamistischen Theologie. Diese Fragestellung, die dann in der „Lortz-Schule" mit größtem Nachdruck vor- und weitergetrieben wurde, vor allem von Erwin Iserloh, ist als solche für diese gar nicht typisch, weil sie für die Lutherforschung einfach unerläßlich ist. Typisch „lortzianisch" sind jedoch dabei zwei Eigentümlichkeiten: die negative Bewertung des Ockhamismus einerseits und die Annahme einer bleibenden Prägung Luthers durch ihn auch noch im Vorgang

---

18 Vgl. *Lortz,* Martin Luther. Grundzüge seiner geistigen Struktur, in: E.Iserloh,/ K. Repgen (Hg.), Reformata Reformanda. Festgabe für Hubert Jedin I (Münster 1965) 214–246; *J. Lortz/E. Iserloh,* Kleine Reformationsgeschichte (Freiburg i. Br. 1969) 13–26; 310–337 (von Lortz geschrieben).

19 Die gemeinten Arbeiten von Iserloh und Manns – ich verweise der Einfachheit halber auf meine Berichte sowie auf die Ergänzungen, die *Manns,* Lutherforschung heute, bes. 8f. Anm. 20–22, liefert – interessieren sich für die *theologiegeschichtlichen* Zusammenhänge der Lehre Luthers, nicht so sehr für die biographischen, jedenfalls für diese nicht mehr, als es bei jeder theologiegeschichtlichen Untersuchung selbstverständlich ist.

20 „Lortz", 385.

21 Vgl. *P. Manns/H. N. Loose,* Martin Luther (Freiburg i. Br. 1982).

seiner Überwindung anderseits. Die negative Wertung hat Manns in seinem Nachwort in Auseinandersetzung mit der Ockhamismusforschung nach 1939 ausdrücklich verteidigt, die bleibende Prägung hat er nicht bestritten bzw. diese Frage mit Schweigen übergangen[22]. Daß schon Lortz und wiederum erst recht Iserloh die Überwindung dieses „unkatholischen" Ockhamismus außer auf die Bibel auch und besonders auf die Begegnung mit Augustinus zurückführen, was nicht ausreichend gesehen zu haben Manns mir vorwirft (9 Anm. 32), widerspricht dem nicht – ich habe es aber vielleicht zu ungeschickt ausgedrückt. Im übrigen neige ich in bezug auf *beide* Eigentümlichkeiten der „Lortz-Schule" aufgrund des Einblicks, den ich mir bisher zum Forschungsstand verschaffen konnte, eher zur Auffassung der Lortz-Kritiker[23].

Tatsache 3: Bei Lortz selbst[24] wie auch noch lange nach 1940 bildet Luthers Auffassung von der „Alleinwirksamkeit" Gottes – im Rechtfertigungsgeschehen wie überhaupt – das entscheidende Hindernis einer theologischen Anerkennung des „ganzen" Luther. Da man nun mit Recht in dieser Auffassung nicht nur eine Sonderlehre unter anderen, sondern den Inbegriff des Neuen und Andersartigen in Luthers Denken sieht, und da anderseits die katholische Theologie dieses Andersartige zu akzeptieren sich schlechterdings nicht in der Lage sah, kann *insoweit* folgerichtig auch nur der „ganze" Luther der Zurückweisung verfallen. Ich sehe nicht, was unter dieser Voraussetzung zu „differenzieren" wäre. Denn die Unterscheidung zwischen einem wahren „Kern" und seiner unannehmbaren „Einkleidung", zwischen einem „katholischen Grundanliegen" und seiner übertreibenden, darum „einseitigen" Ausformulierung hebt ja, abgesehen einmal von ihren erkenntnistheoretischen und sprachphilosophischen Schwierigkeiten, eben jene „Ganzheit" Luthers auf, ohne die Luther nicht mehr Luther ist. Ich stimme also Manns und seiner Beschreibung der Lortz'schen Position völlig zu, daß hier das „Katholische" und das „Häretische" ineinanderliegen. Kann es dann

---

[22] Vgl. *Manns,* „Lortz", 360–370.

[23] Vgl. *Pesch,* Theol. der Rechtfertigung bei Martin Luther und Thomas von Aquin (Mainz 1967) 708–714; *O. H. Pesch/A. Peters,* Einführung in die Lehre von Gnade und Rechtfertigung (Darmstadt 1981) 110–118; *Pesch,* Hinführung zu Luther (Mainz 1982) „Fachsimpelei" [7], 314f.

[24] Vgl. bes. bezeichnend *Lortz,* Reformation in Deutschland I, 436.

aber mit Luther „theologisch reden" heißen, kann man von ihm „lernen", wenn man aus dieser „Ganzheit" das „katholische Grundanliegen" herauslöst und als Herausgelöstes bejaht? Wird hier nicht *Luther* posthum „differenzierend" ans Lernen gebracht, und zwar genau so, wie es auch damals schon versucht wurde und wie Luther gerade meinte, *nicht* mehr lernen zu dürfen? Es ist dann jedenfalls unstreitig ein Schritt „über Lortz hinaus", wenn man mit der „Alleinwirksamkeit" Gottes auch als Katholik *keine* besonderen Probleme mehr hat, sich von ihr jedenfalls nicht beirren läßt – wie gut oder schlecht man das auch immer begründet. Dieser Schritt, das ist Tatsache, wurde getan, und in der Tat scheint es Möglichkeiten der „Differenzierung" zu geben, die auch ohne die „Paradoxalität" des zugleich „katholischen" und „häretischen" Luther ihn den *ganzen* Luther sein lassen, ihn als solchen gelten lassen, ihn für eine „katholische Möglichkeit" halten und doch zugleich fähig bleiben, ihn auch zu kritisieren. Mir ist bewußt, daß solche Möglichkeiten und Versuche auf lutherischer Seite durchschnittlich so wenig wahrgenommen und anerkannt werden wie das Lutherbild von Lortz, wenngleich aus anderen Gründen[25]. Sie verlangen freilich jenen anderen Ansatz, den Manns als „hermeneutisch" = „im Widerspruch zu den historischen Tatsachen" kennzeichnet und verwirft. Ich komme darauf zurück[26].

Tatsache 4 hängt mit dem soeben Gesagten zusammen: Wo artikuliert Lortz (und die Lortz-Schule) nicht nur eine sozusagen „stilistische", äußerlich-formale, sondern eine *theologische* Kritik am Trienter Konzil? Es muß keineswegs ausgemacht sein, daß solche Kritik nötig oder zulässig sei, es muß auch keineswegs im vorhinein lutherischen Trient-Kritikern wie Hanns Rückert, Peter Brunner, Wilfried Joest, Heiko A. Oberman, Albrecht Peters u. a.[27] recht gegeben werden. Es kann gut und gern in diesem Punkte bei einem völligen Einklang zwischen Lortz und Hubert Jedin bleiben, im Gegensatz zu sonstigen Meinungsunterschieden über Luther[28]. Es ist aber

---

[25] Vgl. *Pesch,* Hinführung zu Luther, „Fachsimpelei" [1].

[26] W. u. unter Punkt 4.

[27] Vgl., der Einfachheit halber (falls nötig) die Nachweise der Titel bei *Pesch/Peters,* aaO (s. Anm. 23) 170.

[28] Das habe ich, wie *Manns,* Lutherforschung heute, 8 Anm. 19, mit Recht sieht, da-

wiederum ein Schritt weiter, wenn dies seit etwa 1960 – vereinzelt – nun doch geschieht[29], und indirekt sogar auf dem Zweiten Vatikanischen Konzil[30].

Diese Tatsachen hatte ich im Blick, wenn ich 1966 in wenig taktvoller Weise davon sprach, mit solchen Schritten sei die Luther-Beurteilung von Lortz „endgültig überschritten". Das Urteil war und ist nicht absolut gemeint, sondern gilt für eben diese Forscher: *Sie* werden, wenn sie die genannten Schritte getan haben, eben deswegen nicht mehr sich auf die Position zurückbegeben, die sie verlassen haben. Persönlich meine ich, sie dürfen solche Schritte tun – aber das muß noch begründet werden. Alles in allem kann ich auch heute noch nicht finden, daß ich die Position von Joseph Lortz und seiner „Schule" so radikal mißverstanden und gar „karikiert" haben soll, wie Manns es mir damals vorwarf und in der Sache, wie seine jüngsten Äußerungen zeigen, auch heute noch einwendet. Vielleicht mag dies alles noch deutlicher werden, wenn ich mich einem zweiten Fragenkomplex zuwende.

2. Thesen zur theologischen Bedeutung der Kirchengeschichte

Das ganze 1. Kapitel der Streitschrift von Manns durchzieht der in immer neuen Formulierungen erhobene Vorwurf, der „Grunddefekt" meines „Neu-Ansatzes" liege „einfach in einem falschen Verhältnis zur Geschichte und zur historischen Forschung" (13), und

---

mals verkannt; heute und seit langem ist es mir geläufig; *vgl. Pesch,* „Ketzerfürst" und „Vater im Glauben" (s. Anm. 11) 141 f.

[29] Vgl. zum Bereich der Rechtfertigungslehre vgl. *St. Pfürtner,* Luther und Thomas im Gespräch. Unser Heil zwischen Gewißheit und Gefährdung (Heidelberg 1961) 38–43; *E. Schillebeeckx,* Das tridentinische Rechtfertigungsdekret in neuer Sicht, Concilium 1 (1965) 452–454; *H. Küng,* Katholische Besinnung auf Luthers Rechtfertigungslehre heute, in: Theologie im Wandel. Festschrift zum 150jährigen Bestehen der katholisch-theologischen Fakultät der Universität Tübingen 1817–1967 (München 1967) 449–468, bes. 460–468; *Pesch – Peters,* aaO (s. Anm. 23) 176–208; zu anderen Themenbereichen vgl. *J. Bielmeier* (Hg.), Abschied von Trient. Theologie am Ende des kirchlichen Mittelalters (Regensburg 1969); *E. Schillebeeckx,* Die eucharistische Gegenwart. Zur Diskussion um die Realpräsenz (Düsseldorf 1968) 15–57, 66–68; *Th. Schneider,* Das Opfer Jesu Christi und der Kirche. Zum Verständnis der Aussagen des Konzils von Trient, in: ders., Deinen Tod verkünden wir. Gesammelte Studien zum erneuerten Eucharistieverständnis (Düsseldorf 1980) 223–238 (geschrieben 1977). Dies sind nur einige ausgewählte Äußerungen.

[30] Vgl. *Pesch,* Hinführung zu Luther, 217 f.

dies verhindere ein Ernstnehmen der kirchengeschichtlichen Forschung als *theologischer* Disziplin und begründe den „Monopolanspruch" der Systematischen Theologie für das ökumenisch engagierte Gespräch mit und um Luther. Hier will ich nun gar nicht meine damaligen Ausführungen verteidigen, sondern mich kurz fassen und schlicht in einigen Thesen sagen, wie ich mir (zur Zeit) den theologischen Charakter der Kirchengeschichte (und der sog. „historischen Theologie" überhaupt) klarmache, und werde mich hüten, dabei allzu weit mich auf das Glatteis hinauszuwagen, das man mit dieser Frage betritt[31].

(1) Die Methoden der Kirchengeschichtsforschung, insofern es sich dabei um mehr oder weniger *technische* Verfahrensweisen der Quellenauswertung handelt, einschließlich der leitenden Perspektiven, aus denen heraus sie gelesen werden (biographisch, begriffsgeschichtlich, geistesgeschichtlich, kulturgeschichtlich, sozialgeschichtlich usw.), sind keine anderen als sonst in der Geschichtsforschung auch – so wie ja auch die „historisch-kritische Methode" in der Bibelwissenschaft nicht nur für diese gilt.

(2) Der theologische Charakter der Kirchengeschichte ergibt sich nicht aus den Methoden, sondern aus dem Sachverhalt, auf den sie angewandt werden. Dieser „Sachverhalt" ist der geschichtliche Weg der Gemeinschaft derer, die an Gottes endgültige und unüberbietbare Offenbarung in Jesus Christus glauben.

---

[31] Ich kenne dabei natürlich die einschlägigen Äußerungen von *Lortz,* etwa in der Einleitung seiner „Geschichte der Kirche", und von *H. Jedin,* Gewissenserforschung eines Historikers, in: ders., Kirche des Glaubens – Kirche der Geschichte. Ausgewählte Aufsätze und Vorträge I (Freiburg i. Br. 1966) 13–22; Zur Aufgabe des Kirchengeschichtsschreibers, aaO 23–35 (Auseinandersetzung mit Lortz!); Kirchengeschichte als Heilsgeschichte?, aaO 37–48; Kirchengeschichte ist Theologie und Geschichte, in: R. Kottje (Hg.), Kirchengeschichte heute. Geschichtswissenschaft oder Theologie? (Trier 1970) 33–48; die Einleitung des von *Jedin* herausgegebenen Handbuchs der Kirchengeschichte (Freiburg i. Br. 1962ff.); und: Kardinal Caesar Baronius, Der Anfang der katholischen Kirchengeschichtsschreibung im 16. Jahrhundert (Münster 1978). Aber auch *V. Conzemius,* Kirchengeschichte als „nichttheologische" Disziplin. Thesen zu einer wissenschaftstheoretischen Standortbestimmung, ThQ 155 (1975) 187–197; *P. Eicher,* Zur Ideologiekritik der Kirchengeschichte, Kairos 23 (1981) 244–260; und schon Concilium 6 (1970) Heft 8/9.

(3) Ob man dabei die Geschichte dieser Glaubensgemeinschaft (im Sinne eines bekannten Gedankens von Johann Adam Möhler) als „fortgesetzte Inkarnation" oder (mit Gerhard Ebeling[32]) als „Geschichte der Auslegung der Heiligen Schrift" versteht, berührt nicht die „formale Neutralität" der Methoden und darf sie nicht berühren.

(4) Theoretisch ist es daher möglich, daß auch ein entschiedener Nicht-Christ und gar Kirchengegner kirchengeschichtliche Themen bearbeitet und dabei durch korrekte Anwendung der Methoden zu unwiderleglichen Ergebnissen kommt, „Kirchengeschichte" also als „Geschichte des Christentums" betreibt. Faktisch dürfte es keine kirchengeschichtliche Darstellung von seiten eines Nicht-Christen geben, in der der Christ seine Kirche und darin sich selbst voll und ganz wiedererkennt.

(5) Kirchengeschichtsschreibung, in der sich die „Beschriebenen" voll und ganz wiedererkennen, erfordert offenbar eine (keineswegs unkritische) Identifikation mit ihrer Sache. Diese Identifikation bewirkt ein erhöhtes und intensiviertes „erkenntnisleitendes Interesse", das wiederum nicht die Methoden selbst verändert, wohl aber die Akribie ihrer Anwendung, und diese führt offenbar zu tieferem Verstehen. Der Blick der Liebe – freilich auch der des Hasses – schärft allemal mehr das Auge als der Blick neutraler, „interesseloser" Sachlichkeit, so unentbehrlich deren unbestechlicher Blick bei der *Kontrolle* der Ergebnisse ist.

(6) Die Auskunft, die Geschichte der Kirche sei entweder die „fortgesetzte Inkarnation" oder die „Geschichte der Auslegung der Heiligen Schrift", ist kein kirchenhistorisches, sondern ein systematisch-theologisches Urteil über das Ganze der Kirchengeschichte. Es gründet sich nicht auf die Fakten selbst, die der Kirchenhistoriker methodisch erhebt, sondern auf Bewertungsgründe, die die Fakten als solche nicht hergeben. Dabei bleibt unbestritten, daß schon die Faktenerhebung selbst im Licht (oder Schatten) solcher Vor-Urteile

---

[32] Vgl. *G. Ebeling,* Kirchengeschichte als Geschichte der Auslegung der Heiligen Schrift, in: ders., Wort Gottes und Tradition. Studien zu einer Hermeneutik der Konfessionen (Göttingen 1964) 9–27.

erfolgt, mit unter Umständen weittragenden Folgen für eben jene. Kirchengeschichtsforschung ist darum – wie alle Geschichtsforschung – niemals voraussetzungslos, aber die Tatsache, daß der *Kirchenhistoriker* diese Voraussetzungen macht und ins Spiel bringt, sogar reflektiert, besagt gerade nicht, daß es sich um *kirchengeschichtliche* Voraussetzungen handelt. Schon nach alter Lehre[33] sind die Prinzipien einer Disziplin nicht Arbeitsergebnis dieser Disziplin selbst, sondern deren Vorgabe.

(7) Daß dem Kirchenhistoriker nicht zugemutet wird, *als Kirchenhistoriker* das Wesen der Geschichte der Kirche theologisch beurteilen zu müssen, entlastet ihn von der Nötigung, auf Gedeih und Verderb einen heimlichen „Plan“ im Geflecht der Ereignisse zu entdecken und verweist ihn einfach an die „Majestät der Tatsachen“. Er wäre ja auch andernfalls in der wenig beneidenswerten Lage seines marxistischen Kollegen, der auch immer einen Teil seiner Forscherenergie daran wenden muß, sperrige Fakten auf das voranwaltende „Geschichtsbild“ zurechtzutrimmen. Wie der Christ immer nur, trotz aller „Planung“, die persönliche und gemeinschaftliche Zukunft als offene und unabsehbare Zukunft Gottes im Glauben ergreifen kann, so betrachtet der Kirchenhistoriker die vergangene Geschichte der Kirche an dem Ort, wo sie noch Gegenwart war, die sich in die je damals ebenso unabsehbare Zukunft im Glauben an Gott hineinzuwagen hatte. So gesehen, ist gerade der Kirchenhistoriker für seinen Gegenstandsbereich unter den Theologen der geborene „Existentialist“!

(8) Eben deswegen ist der Kirchenhistoriker auch von der Pflicht entlastet, irgend etwas rechtfertigen zu müssen, irgend etwas nicht rechtfertigen zu dürfen, irgendein heute erwünschtes Ergebnis aus der Geschichte zu „belegen“, irgendein heute unbequemes Ergebnis aus der Geschichte zu entkräften. Wäre es anders, dann geriete er derart unter systematisch-theologische und schließlich lehramtliche Kuratel, daß er in der Tat dem Anpassungsdruck nur noch durch die These vom „nicht-theologischen“ Charakter der Kirchengeschichte entkommen könnte.

---

[33] Vgl. *Thomas*, Summa Theologiae I 1,2.

(9) Der Kirchenhistoriker ist freilich nicht davon entbunden, kirchengeschichtliche Vorgänge und Entwicklungen zu *verstehen* und auch zu *beurteilen* – und zwar sowohl mit historischen als auch mit systematisch-theologischen Methoden und Maßstäben. Denn *als Christ* weiß er, daß er die Geschichte des durch den Glauben zusammengebrachten Volkes Gottes beschreibt. Nicht Personalunionen zwischen dem Kirchengeschichtsforscher und dem systematisch-theologischen Beurteiler sind zu verbieten, sondern wissenschaftliche Fachvollzüge sind zu unterscheiden – und ggf. die heimlichen systematisch-theologischen Implikationen kirchengeschichtlicher Urteile zu reflektieren!

(10) Die unmittelbar *theologische* Bedeutung auch der formal „neutralen" Methoden der Geschichtsforschung sind auch in bezug auf die Kirchengeschichts zusammengefaßt in dem bekannten Satz: „Geschichte macht frei." Denn gegen Tatsachen helfen keine Beweise, und so kann keiner so wirkungsvoll wie der Kirchengeschichtler ideologische Verfestigungen, die es auch in der Theologie gibt, auflösen, kann keiner so wirkungsvoll wie er unbequeme Fragen stellen und theologisches Wunschdenken entlarven, kann keiner so eindrucksvoll wie er die erstaunlichen Wege ausleuchten, auf denen das Wort Gottes sich ins Fleisch der Geschichte begeben hat und von denen keine der jeweiligen Gegenwart verpflichtete „spekulative Phantasie" des Systematikers sich etwas träumen ließe. Oder noch deutlicher mit den Worten Gerhard Ebelings ausgedrückt: Die Kirchengeschichtsforschung dient „der radikalen kritischen Destruktion alles dessen, was sich im Laufe der Geschichte zwischen uns und Christus gestellt hat"[34].

Im Sinne dieser Thesen habe ich immer – auch schon 1966 – die theologische Bedeutung der Kirchengeschichtsforschung verstanden. Sie hat die Kirchengeschichte gewiß als fortschreitende Entzifferung der Wahrheit Gottes zu erfassen, aber das endet nur dann nicht in der Ideologie, wenn sie die Geschichte *auch* zugleich als die schallschluckende Wand vor dem Worte Gottes begreift. Auf diese

[34] *Ebeling,* aaO 28. Ich weiß, daß dieser Satz bei Ebeling eine andere (polemische) „Sinnspitze" hat, buche ihn aber dennoch hemmungslos auf mein Konto!

zugleich konstruktive wie kritische Arbeit des Kirchenhistorikers ist der Systematiker angewiesen, wenn er selbst nicht zum Ideologen werden will, und nie habe ich mir Systematische Theologie ohne den ständigen Rekurs auf die Kirchengeschichte vorstellen können. Ob Peter Manns' Argwohn damit behoben ist? Es ist diese so verstandene theologische Bedeutung der Kirchenhistorie selbstverständlich nicht dieselbe wie die theologische Bedeutung systematischer Theologie. Aber darauf wird gleich noch zurückzukommen sein.

3. „Existentialistische Lutherdeutung"?

Mit diesem Stichwort komme ich nun zu dem gravierendsten und alle anderen Vorwürfe tragenden Grundvorwurf und Grundverdacht, den Manns gegen mich und meine Kollegen vom „neuen Ansatz" geltend macht. Fast auf jeder Seite seiner Streitschrift wird er erhoben – Einzelbelege und Zitate sind hier müßig. Nun entstehen für den Versuch einer Antwort hier zunächst zwei Schwierigkeiten. Erstens: Was versteht Manns unter „existentialistischer Lutherdeutung" oder, was für ihn dasselbe ist, unter „existentialer Hermeneutik" in Anwendung auf Luther? Und zweitens: Wie kommt Manns darauf, daß ich (und die Kollegen vom „neuen Ansatz") solcher Lutherbedeutung erlegen bin (sind)?

Zunächst zur ersten Schwierigkeit: Wenn das, was Manns die „existentiale Hermeneutik" nennt, in die Erarbeitung und, was wichtiger ist, Würdigung der Theologie Luthers einbezogen wird, dann fürchtet Manns offenkundig die Entleerung der Theologie Luthers von ihren inhaltlichen Sachaussagen sowie eine souveräne Übergehung historischer Tatbestände überhaupt. „Existentiale Hermeneutik" steht gegen das der christlichen Tradition selbstverständliche inhaltlich festgelegte Bekenntnis. Nur *ein* Zitat zur Verdeutlichung: Nach einer eingehenden Klarstellung, daß uns die Wahrheit der Offenbarung Gottes immer nur in geschichtlicher Gestalt – in geschichtlichen Gestalten! – begegnet, folgert Manns, „daß das ‚Dogmatisch-Absolute' ja immer nur durch das Medium des ‚Geschichtlich-Relativen' ausgedrückt werden kann und daß es sich gerade im Bereich geschichtlich begrenzter Erkenntnis als *wahr* zu erweisen hat. Und hier [nämlich in der ‚existentialen Hermeneutik'] droht der theologischen Erkenntnis in der Tat die tödlichste aller Gefahren,

nämlich die Umdeutung des unaufhebbar Geschichtlichen in eine existential verstandene ‚Geschichtlichkeit', die die ‚Substanz' des Kerygmas gefährden muß, weil sie den Nachweis ihrer inhaltlichen Identität in den geschichtlich begrenzten und geschichtlich sich wandelnden Aussagen für entbehrlich hält" (46f.). Und wenige Seiten später: „Mit wenigen hermeneutischen Kunstgriffen wird so das biblisch-paradoxale, die Wahrheit des Kreuzes verkündende und zur geschichtsmächtigen Umkehr rufende Denken der ‚Theologia Crucis' in das zwar eminent gelehrte und doch so leere System existentialer ‚Wort-Theologie' verfälscht" (51). Darum hat Manns schon vorher geurteilt, „der systematische Ansatz meine schließlich doch die dem geschichtlich denkenden Theologen unannehmbare ‚existentiale Hermeneutik' " (34). Manns meint also: „Geschichtlichkeit", wovon die „existentiale Hermeneutik" in der Tat auf Schritt und Tritt redet, blockiert die „Geschichte", verstellt daher den *wirklichen* Luther und ersetzt das theologische Gespräch mit *ihm* durch das Gespräch mit einem intellektuellen Kunstprodukt.

Zur zweiten Schwierigkeit: Es ist mir seit Jahr und Tag ein Rätsel, wie Manns mich und meine Arbeit an Luther einem solchen Konzept – disputandi causa einmal unterstellt, es sei richtig charakterisiert und träfe eine wirkliche Tendenz katholischer Lutherforschung – zuordnen kann. Daß es mir nämlich um die *Inhalte* von Luthers Theologie geht, und zwar mit dem Anspruch, sie auch *historisch* richtig dargestellt zu haben, muß Manns spätestens klar geworden sein, seit er damals die Druckfahnen von „Theologie der Rechtfertigung" eingesehen hat. Er mag im Detail historisch anderer Meinung sein, aber daß ich im Sinne von Manns den historischen Luther in einen „geschichtlichen" aufgelöst hätte, wird er nicht sagen können. Wenn ich gleichzeitig damals schon und heute noch nach so etwas wie „apriorischen Strukturen" des Denkens Luthers frage, so ausschließlich deshalb, um besser verstehen zu lernen, warum Luther die doch gemeinsamen Inhalte des christlichen Glaubens auf so andersartige Weise durchdachte und formulierte, daß damals wie heute jeder, der *nicht* gemäß solchen Strukturen denkt, Luthers Aussagen als Absage an das überlieferte Bekenntnis verstand und versteht, mit einem gewissen Recht sogar verstehen mußte und muß.

Nun hatte ich zwar schon von 1966 mehrfach, im Anschluß vor allem an Albrecht Peters, vom „existentiellen" Charakter der Theolo-

gie Luthers gesprochen und diesen Gedanken auch wieder in den Schlußteil von „Theologie der Rechtfertigung" aufgenommen[35]. Dies meinte schon bei Peters und ebenfalls bei mir nichts anderes als jene „Reduktion aller Fragen und Frageweisen auf Sein und Leben des Menschen ‚coram Deo'" (32), zugleich aber deren Ausweitung in den Kontext der „geheimnisvollen Verbundenheit aller Lebensbereiche" (33) über „bloßes" Denken hinaus, wie Manns es mit Recht als Eigenart der Theologie Luthers beschreibt. Zugleich hatte ich diesen Begriff aufgenommen, um einer polemischen Entgegensetzung zu einer angeblich „verobjektivierenden" katholischen, scholastischen, tridentinischen Theologie zu widersprechen, sofern eine solche existentielle Theologie im Sinne Luthers zwar „der zeitgenössischen Scholastik als untheologisch gelten" mochte (32), aber doch nicht katholischem Denken überhaupt und nicht einmal der Hochscholastik! Manns, der die entsprechenden Äußerungen von Peters kannte[36], vermeidet (geflissentlich?) das Wort „existentiell" in bezug auf Luther. Sollte geschehen sein, was ich zu denken mich aber nach wie vor weigere: daß Manns „existentiell" für „existential" gelesen hat, also den – allerdings subtilen und außerhalb des Deutschen auch terminologisch nicht nachahmbaren – Unterschied zwischen beiden Begriffen übersehen hat? Unter dem Eindruck des Vortrags vom Anfang 1967 habe ich allerdings zur Sicherheit etwas vorgebaut[37].

Es ist mir außerdem natürlich gelegentlich auch das Wort „hermeneutisch" und „Hermeneutik" entschlüpft. Unvorsichtigerweise ausgerechnet da, wo ich im Zuge meiner „Arbeitshypothese" die „reformatorische Wende" im Unterschied zum „Turmerlebnis" so

---

[35] Vgl. *O. H. Pesch,* Ein katholisches Anliegen an evangelische Darstellungen der Theologie Luthers, Catholica 16 (1962) 304–316, bes. 309 ff.; Freiheitsbegriff und Freiheitslehre bei Thomas von Aquin und Luther, Catholica 17 (1963) 197–244, bes. 241 ff.; Theologie der Rechtfertigung (s. Anm. 23) 935–948, dort jeweils auch die Hinweise auf die Arbeiten von A. Peters; Manns kannte 1967 mindestens den ersten Aufsatz; vgl. 38 Anm. 126.

[36] Vgl. *P. Manns,* Fides absoluta – fides incarnata. Zur Rechtfertigungslehre Luthers im Großen Galaterkommentar, in: Reformata Reformanda (s. Anm. 18) I, 265–312, wo Peters mehrfach zitiert wird.

[37] Vgl. *Pesch,* Existentielle und sapentiale Theologie (s. Anm. 10) 738 f.; *ders.,* Der hermeneutische Ort der Theologie bei Thomas von Aquin und Martin Luther und die Frage nach dem Verhältnis von Philosophie und Theologie, ThQ 146 (1966) 159–212, hier: 166 Anm. 11.

verstehe, daß er als „ein unscheinbarer, keimhafter neuer Ansatz wahrscheinlich weniger inhaltlichen als hermeneutischen Charakters" erscheint[38]. Jeder Kundige muß sich dabei natürlich sofort an Gerhard Ebelings berühmten Aufsatz über „Die Anfänge von Luthers Hermeneutik"[39] erinnern – und so könnte sich hier ein Indiz ergeben, das den „Tatverdacht", ich folgte den verbotenen Pfaden Gerhard Ebelings, zu erhärten vermöchte. Den einzigen Aufsatz aber, in dem ich mich ausdrücklich zur „Hermeneutik" äußere und mich dabei übrigens gerade mit Gerhard Ebeling auseinandersetze, nämlich meine „Jugendsünde" von 1966 über „Der hermeneutische Ort der Theologie bei Thomas von Aquin und Martin Luther"[40], scheint Manns nicht zu kennen – jedenfalls zieht er ihn für seine Urteilsbildung nicht heran.

Dies alles zusammengenommen reicht in bezug auf mich nun doch nicht für den Generalverdacht hin, „daß das ‚Neue' des eingeschlagenen Weges – ungeschützt beim Namen genannt – nicht ‚M. Luther', sondern ‚G. Ebeling' heißt" (19; vgl. VIf.), es reicht nicht hin, mich dem „bemerkenswerte(n) Phänomen einer wachsenden katholischen Anhängerschaft" zuzurechnen, „die ihrerseits die Frage aufwirft, ob G. Ebeling sich durch seine katholischen Freunde verstanden fühlt" (68 Anm. 216). Manns' Urteil erklärt sich denn auch, wenn man seine Streitschrift von Anfang bis Ende und von Ende bis Anfang liest, nicht so sehr durch meine eigenen Äußerungen zum Sachproblem, sondern durch meine besondere Hervorhebung der einschlägigen Arbeiten von Albert Brandenburg, zumal seiner Monographie über die Worttheologie beim jungen Luther[41]. Nun äußert sich Brandenburg in dem genannten Buch und auch sonst mit Vorzug zur Heilsbedeutung des *Wortes* bei Luther – unstreitig zumindest bis dahin kein bevorzugtes Thema der „Lortz-Schule"! –, und gleich zu Eingang seines Buches wagt er den aller-

---

38 Catholica 20 (1966) 276 (vgl. w. o. Anm. 5).

39 Jetzt abgedruckt in: *G. Ebeling*, Lutherstudien I (Tübingen 1971), 1–68 (geschrieben 1951).

40 Vgl. Der hermeneutische Ort (s. Anm. 37).

41 *A. Brandenburg*, Gericht und Evangelium. Zur Worttheologie in Luthers erster Psalmenvorlesung (Paderborn 1960). Die älteren Luther-Aufsätze Brandenburgs sind zusammengefaßt in *ders.*, Martin Luther gegenwärtig. Katholische Lutherstudien (Paderborn 1969); die späteren in *ders.*, Die Zukunft des Martin Luther. Luther, Evangelium und die Katholizität (Münster/Kassel 1977).

dings angreifbaren Satz: „Niemand zitiert heute Luther treffender als Ebeling.“[42] Und zu allem Überfluß zieht er – über Ebeling – eine Verbindungslinie zu Rudolf Bultmann oder besser: von Bultmann über Ebeling zurück zum jungen Luther. So stellt sich für Peter Manns bei der Lektüre Brandenburgs offenbar folgende Assoziationskette ein: Wort – Ebeling – Hermeneutik/Existentialismus – Bultmann – Kerygma – *bloßes* Wort ohne „Inhalt“. Da ich Brandenburg hervorhebe und ihn – nicht ohne leise Vorbehalte, wie Manns verschiedentlich anmerkt – gegen die „Lortz-Schule“ abhebe, wie es Brandenburg selbst vorher schon deutlich gemacht hatte[43], erscheint der Schluß allerdings zwingend, daß ich mich auf derselben Linie bewege und auch bewegen will. Da hilft es dann auch nicht, wenn ich in meinen Berichten[44] auf evangelische Stellungnahmen zu Brandenburg hinweisen kann, die diesen genau so einstufen wie ich. Wie ist darauf nun zu antworten?

Ich habe keinen Anlaß, mich durch nachträgliche Distanzierungen aus der Affäre zu ziehen. Anderseits kann hier nicht die Hermeneutik-Diskussion um eine neue Runde bereichert werden. Es gibt freilich einiges richtigzustellen.

Zunächst: Kein kritisches Wort mehr zu Gerhard Ebeling! Schon in den genannten Aufsätzen und ebenso in „Theologie der Rechtfertigung“ kann jeder Leser, wo die Rede darauf kommt, feststellen, daß ich der Lutherinterpretation und dem Lutherbild von Gerhard Ebeling niemals ohne Vorbehalte gegenübergestanden habe, und dies nicht obwohl, sondern weil ich soviel von ihm über Luther gelernt habe. Erst jüngst habe ich, aus gegebenem Anlaß, diese Vorbehalte in einer Weise zusammengefaßt, die eine Grenze berühren, jenseits derer die sachliche Kontroverse auch eine inzwischen fast zwei Jahrzehnte währende persönliche Verbundenheit in Gefahr bringen könnte[45].

---

[42] Gericht und Evangelium, 15.

[43] Vgl. *Brandenburg,* Auf dem Wege zu einem ökumenischen Lutherverständnis, geschrieben für Reformata Reformanda (s. Anm. 18), abgedruckt in: Martin Luther gegenwärtig, 43–62.

[44] Vgl. *Pesch,* Zwanzig Jahre, 401 Anm. 47 – dort Verzeichnis wichtiger evangelischer Rezensionen zu Brandenburgs Buch.

[45] Vgl. aber w. u. S. 127; ferner *Pesch,* Hinführung zu Luther, 281–284; vgl. auch meinen Beitrag zur Festschrift für Gerhard Ebeling: Das katholische Sakramentsverständnis im Urteil gegenwärtiger evangelischer Theologie, in: *E. Jüngel/*

Wohl aber ein Wort zu Brandenburg! Ich verdanke ihm persönlich sehr viel. Er hat mir nicht nur den Weg zu den herrlichen Arbeitsmöglichkeiten im Johann-Adam-Möhler-Institut in Paderborn geöffnet, er hat mich auch, der ich damals (1962) noch ziemlich orientierungslos bei den Vorarbeiten zu meiner Dissertation saß und in den Materialmassen zu ertrinken drohte, durch seinen fachkundigen Rat vor einer Reihe von Irrwegen bewahrt, die mich zumindest Zeitverlust, wenn nicht Schlimmeres gekostet hätten. So etwas schafft Solidaritäten, die niemand verübeln wird – übrigens beiderseits, wie die Widmung seiner gesammelten Lutherstudien von 1967[46] auch an mich belegt.

Die Wertschätzung ist aber auch eine sachliche. Dazu in aller Kürze folgendes:

a) Wer Brandenburgs Lutherbuch sowie seine Aufsätze auch nur kursorisch liest, wird ihm gewiß eine höchst beteiligte Auseinandersetzung mit Bultmann (und Ebeling) nachsagen können, aber keinesfalls irgendwelche Konzessionen auf Kosten dogmatischen Bekenntnisstandes und kirchlicher Bindung zugunsten frei schwebender und gar „leerer" Worttheologie – im Gegenteil, gerade an diesem Punkt kritisiert Brandenburg seine evangelischen Gewährsleute ganz entschieden.

b) Brandenburg behauptet allerdings, der junge Luther habe die Heilsbedeutsamkeit des Wortes, das, den zeitlichen Abstand überbrückend, die geschichtlichen Heilsereignisse (Inkarnation, Kreuz, Auferweckung, Himmelfahrt) vermittelt und zueignet, so sehr betont, daß das wirkliche Geschehensein jener Ereignisse dabei als verkürzt und geradezu unwichtig erscheine[47]. Und dafür bringt er nicht nur Luthertexte, sondern auch Stimmen aus der gegenwärtigen evangelischen Theologie, die dieselbe Beobachtung beim jungen Luther namhaft gemacht haben und die Gefahr einer Mißdeutung anerkennen. Anderseits denkt Brandenburg nicht daran, Luther eine *Bestreitung* der historischen Wirklichkeit der Heilsereignisse und

---

J. Wallmann/W. Werbeck (Hg.), Verifikationen (Tübingen 1982) 317–340, bes. 325–328; 337f.; auch schon: Theologie des Wortes bei Thomas von Aquin, ZThK 66 (1969) 437–465, bes. 464f.; und die in Anm. 38 erwähnten Äußerungen.

[46] Vgl. Anm. 41.

[47] Vgl. Gericht und Evangelium, 134–152 und die Schlußthesen 153f. und die Schlußbemerkung 155–158.

deren *Verlagerung in das Ereignis des Wortes selbst* zu unterstellen. Er geht vielmehr, methodisch völlig zu Recht, wie jüngst erst wieder Bernhard Lohse festgestellt hat, davon aus, daß Luther nicht bestritten hat, wovon er nicht ausdrücklich redet[48]. *Sollte* also von Bultmann und der „Kerygma-Theologie" eine Linie in die Anfänge reformatorischer Theologie bei Luther zurückführen, so bedeutete dies im Klartext, daß die Kerygma-Theologie das Schweigen Luthers unhistorisch als Bestreitung, zumindest als Desinteresse gewertet und seine emphatisch überspitzte Redeweise zur systematisch-theologischen These erhoben hätte. Es steht somit weniger die Traditionstreue Luthers als vielmehr die lutherische „Authentizität" eines Teiles gegenwärtiger lutherischer Theologie auf dem Spiel, und vor genau diese Fragen stellt Brandenburg die lutherische Theologie am Schluß seines Buches.

c) Das also ist der ganze „Existentialismus" Brandenburgs! Hat er mit seiner Lutherinterpretation recht – und es gibt, wie gesagt, zustimmende Rezensionen aus der evangelischen Lutherforschung! –, dann hat er sich um des theologisch sehr entschiedenen Gespräches mit gegenwärtiger evangelischer Theologie willen das Gespräch mit und um Luther so schwer wie möglich gemacht, und das ist eine ökumenische Tugend! Hat er aber nicht recht, wie Erwin Iserloh und Joseph Lortz ihm geantwortet haben[49], dann um so besser für das Gespräch mit Luther – die Auseinandersetzung mit der Kerygma-Theologie müßte dann freilich auf eine reformatorische Berufungsinstanz verzichten. Im übrigen ist ja bekannt, daß Luther auch später noch, zu ganz „unverdächtigen" Zeiten, von der Heilsbedeutung des Wortes unter scheinbarer Vernachlässigung seines historischen Inhaltes reden kann[50]!

d) Das alles weiß natürlich auch Peter Manns und merkt es mehr als einmal als Einschränkung seiner Kritik an. Daß er diese trotzdem aufrecht erhält, beruht nun darauf, daß *etwas* von der „existen-

---

[48] Vgl. aaO 153 Schlußthese 2 und 154 Schlußthese 7; vgl. *B. Lohse,* Martin Luther. Eine Einführung in sein Leben und sein Werk (München 1981, ²1982) 151f.

[49] Vgl. *E. Iserloh,* „Existentiale Interpretation" in Luthers erster Pslamenvorlesung?, ThRv 59 (1963) 73–84; *J. Lortz,* Luthers Römerbriefvorlesung. Grundanliegen, TThZ 71 (1962) 129–153; 216–247, hier: 151; *ders.,* Die Reformation in Deutschland II (⁴1965) 324. Antwort Brandenburgs in: ThRv 60 (1964) 83.

[50] Vgl. etwa die vielzitierten Stellen WA 10 III, 349,17; 26, 40,10; 10 I 2, 7,12.

tialen Hermeneutik" moderner Theologie und ihren möglich-unmöglichen Wurzeln beim jungen Luther bleibend auf Brandenburg übergegangen ist: das tiefe Durchdrungensein von der heilsbegründenden und dadurch existenzbegründenden Bedeutung des *Wortes*. Davon mit solcher Betonung zu reden, ist selbst heute noch in der katholischen Theologie auffällig. Aber wie will man das aus der Sicht *Luthers* kritisieren? Zumal ja diese „Worttheologie" bei Brandenburg mitnichten dazu dienen soll, dogmatischer Bindung im Namen Luthers zu entkommen! Brandenburg sieht und erwägt die Schwerpunkte dieser Worttheologie ganz anderswo: das Wort als Gerichtswort und Anklage – und nur so, in radikaler Identität, als Evangelium; Gottes Gnade hinter dem Gegensatz dieses Gerichtswortes verborgen; der Glaube seinem Wesen nach als Selbstanklage, als demütige Übernahme der Anklage Gottes, die Gerechtigkeit als Wahrwerden des Menschen in Anerkenntnis seiner Sünde. Kurzum: das Wort im Kontext eines Verständnisses vom Heilshandeln Gottes, dessen „Paradigma" das *Kreuz* ist. Das Kreuz als das sozusagen „historischste" aller Heilsereignisse – und zugleich als das „bedeutsamste" für die Existenz des Christen. Dabei, beim Kreuz und beim Wort vom Kreuz als einem unaufgebbaren Vermächtnis der Theologie Luthers an die Christenheit, ist Brandenburg allerdings zeitlebens und mit immer größerem Nachdruck geblieben. Und im nachhinein darf man mit tiefer Ehrfurcht vor einem Menschenschicksal feststellen, daß Brandenburg damit schon 1960 das Motto über sein von schwerem Leiden gezeichnetes späteres Leben geschrieben und es in diesem dann auch bewährt hat.

e) So blieb mir damals schon und bleibt mir heute erst recht gegen Brandenburgs Lutherinterpretation nur *ein* Vorbehalt: Brandenburg hält offenbar die Dictata für zwar noch unentfaltete, aber authentisch reformatorische Theologie – das beweist etwa der Exkurs über „De servo arbitrio", in dem er das Thema vom „verborgenen Gott" und seinem das Rätsel enthüllenden „Wort" durchzieht[51]. Damit folgt Brandenburg einer Linie, die von Erich Vogelsang über Erich Seeberg, Hans-Joachim Iwand bis zu Gerhard Ebeling u.a. führt. Aber schon damals und heute erst recht halte ich zwar nicht die kreuzestheologische Wendung des Themas vom „verborgenen

---

[51] Vgl. Gericht und Evangelium, 114–121.

Gott", wohl aber die terminologische und begriffliche *Gleichsetzung* von „Evangelium" und „Gericht", von Glaube und Selbstanklage für vorreformatorisch oder, positiv ausgedrückt, für potenziert spätscholastisch. Ich fragte und frage mich daher zunehmend, wie lohnend es – über das *rein* Historische hinaus – eigentlich ist, mit dem Luther der Ersten Psalmenvorlesung zu sprechen. Umgekehrt müßte die „Lortz-Schule" doch eigentlich sehr beruhigt sein über den nach 1966 sich abzeichnenden Trend der „jüngeren" Lutherforschung, die „reformatorische Wende", wie auch immer verstanden, jedenfalls auf die Zeit *nach* den Dictata zu verlegen. Brandenburgs Sorgen wären damit weder auf „existential-hermeneutischen" noch auf „systematisch-ökumenischen" Wegen, sondern mit den gewohnten Mitteln des Historikers gegenstandslos gemacht worden. An dieser Stelle nun doch noch ein kurzes Wort zur „Hermeneutik".

Die Zeit, in der Peter Manns seine Streitschrift abfaßte, war die Zeit einer katholischen „Bultmann-Welle", und zwar nicht nur in der katholischen Exegese, die um diese Zeit unwiderruflich die Hinwendung zur „historisch-kritischen Methode" vollzog und damit auch die Erträge der formgeschichtlichen Forschungen Bultmanns übernahm[52], sondern auch und gerade in der systematischen Theologie, die sich zum Erstaunen der evangelischen Theologie konstruktiv mit Bultmann auseinandersetzte[53]. Den differenziert argumentierenden Wortführern folgten wie immer die nur halb verstehenden Epigonen, und zu gleicher Zeit, da Manns gegen die „existentialistische Lutherdeutung" zu Felde zog und die „Hermeneutik" sogar mit kir-

---

[52] Evangelische Theologen sehen in der Regel den Durchbruch der historisch-kritischen Methode in der katholischen Exegese dokumentiert im Römerbrief-Kommentar von *Otto Kuss* (Regensburg 1957–1978, bisher drei Lieferungen) und in der Monographie von *Rudolf Schnackenburg,* Neutestamentliche Theologie. Der Stand der Forschung (München 1963, ^{2}1965).

[53] Vgl. pars pro toto *H. Fries,* Bultmann, Barth und die katholische Theologie (Stuttgart 1955); *G. Greshake,* Historie wird Geschichte. Bedeutung und Sinn der Unterscheidung von Historie und Geschichte in der Theologie Rudolf Bultmanns (Essen 1963); *R. Marlé,* Bultmann und die Interpretation des Neuen Testamentes (Paderborn 1959, erw. ^{2}1967); *ders.,* Gibt es ein katholisches Problem der Entmythologisierung?, Catholica 15 (1961) 313–320; *G. Hasenhüttl,* Der Glaubensvollzug. Eine Begegnung mit Rudolf Bultmann aus katholischem Glaubensverständnis (Essen 1963); *D. Eickelschulte,* Hermeneutik und Theologie bei Rudolf Bultmann. Zu den Möglichkeiten eines Gesprächs mit der katholischen Theologie, Scholastik 40 (1965) 23–54. Vgl. auch den *H. Fries* anvertrauten Artikel „Entmythologisierung" im LThK.

chenamtlichen Folgen in den „Holländischen Katechismus" einzog[54], warnte Joseph Ratzinger in seinen Vorlesungen über das Apostolische Glaubensbekenntnis vor der Gefahr eines „Interpretationschristentums", das schließlich so lange an dem Inhalt des Bekenntnisses heruminterpretierte, bis nur das übrig blieb, was der Zeitgeist als „nachvollziehbar" akzeptierte[55]. Es verdient festgehalten zu werden, daß *dies* der „Sitz im Leben" der Streitschrift von Peter Manns ist, und ich kann die ihn damals und im Grunde bis heute umtreibende Sorge um so besser verstehen, als sie auch die meine ist und ich seinen Argwohn, was die „existentiale Hermeneutik" betrifft, auf ein Mißverständnis zurückführen zu müssen glaube.

„Hermeneutik" ist nach Wilhelm Dilthey die „Kunstlehre des Verstehens schriftlich fixierter Lebensäußerungen", und sie ist heute, weit darüber hinaus, die Anleitung zum geschichtlichen Verstehen geschichtlich begegnender und verfaßter Wahrheit überhaupt. Sie ist also von Haus aus und der Sache nach die Methodik des Historikers schlechthin im Gegensatz zur Methodik des Naturwissenschaftlers – falls der Historiker mehr sein will als nur ein Archivar vergangener Fakten und ihrer Belege. Sie wurde nicht zuletzt in ihrem heutigen Sinne „erfunden", als sich herausstellte, daß wir alle mit unserer Geschichte und aus ihr leben, ohne daß wir doch den Gang dieser Geschichte rationalistisch auf einen Nenner zu bringen vermöchten. Insofern ist nicht einzusehen, wieso ausgerechnet ein Historiker Vorbehalte gegen „Hermeneutik" haben sollte: Ist er ein guter Historiker, so arbeitet er beständig nach ihren Regeln, selbst wenn er sie nicht reflektiert.

„Existential" ist eine Hermeneutik dann, wenn ihre Anleitung zum Verstehen geschichtlicher Lebensäußerungen und Überlieferungen vornehmlich und gar ausschließlich dazu anhält, nach dem in diesen Lebensäußerungen implizierten Verständnis von „Exi-

---

[54] Vgl. *P. Schoonenberg,* Der neue Katechismus und die Dogmen, abgedruckt in der vor Behebung der (deutschen) Imprimatur-Schwierigkeiten erschienenen inoffiziellen Studienausgabe: Dokumentation des Holländischen Katechismus in deutscher Übersetzung (Freiburg i. Br. 1967), XIV-XXXIX; vgl. auch den 2. Nachtrag zur Studienausgabe: Report über den Holländischen Katechismus (Freiburg i. Br. 1969).

[55] Vgl. *J. Ratzinger,* Einführung in das Christentum. Vorlesungen über das apostolische Glaubensbekenntnis (München 1968) 9f. und die scharfe Reaktion gegen den genannten Aufsatz von *Schoonenberg,* aaO 229f. Anm. 52 („dogmengeschichtliche Nebelwerferei").

stenz" zu fragen, also zu fragen, wie der *Mensch,* der nicht nur vorhanden ist, sondern „existiert", also sich selbst in die Zukunft hinein entwirft und dadurch erst er selbst wird, sich selbst begreift. Und nun ohne langen Umweg: „Existentiale Hermeneutik" in der Theologie besagt, daß die christliche Überlieferung – die Bibel selbst, ihre Auslegungsgeschichte und darin die bedeutenden Gestalten, also auch Luther – daraufhin befragt wird, wie sie nicht (nur) diese oder jene Sachverhalte, sondern das Sein des Menschen „coram Deo" versteht.

Der Rest ist schnell geklärt. Die Bibel versteht den Menschen als den durch Gottes Wort An- und Herausgerufenen und so zur Existenz Gebrachten – wenngleich das teilweise in sprachlichen und gedanklichen Zusammenhängen ausgedrückt wird, die wir heute als „mythologisch" bezeichnen. Bultmann und die „Kerygma-Theologie" verstehen den Menschen als den, der sich nicht „zu sich selbst entschließen" muß (Heidegger), sondern als den, zu dem sich Gott gnädig entschlossen hat und der das nur glaubend annehmen muß, um allen Zwängen seines „weltlichen" Daseins überlegen zu sein. Ebeling versteht als Systematiker den Menschen ebenso, und er sieht dies mit Luthers Verständnis von Wort und Glaube als Inbegriff des Menschen „coram Deo" nicht nur beginnen, sondern bei ihm auch unüberbietbar ausgedrückt. Von daher der durchgängige Vorwurf Ebelings gegen die mittelalterliche und überhaupt katholische Tradition, sie habe theologisch den Menschen nicht in der „coram-Deo-Relation", sondern „substanzontologisch", also als einen, wenn auch hervorragenden, Teil der „vorhandenen" Welt betrachtet, und gleichzeitig seine Befürchtungen gegenüber moderner evangelischer und katholischer Theologie, diese könnten den Menschen, statt durch seine „coram-Relation", entweder durch seine „christliche" Aktion oder durch seine Einbindung in die von Christus nicht zureichend unterschiedene Kirche definieren[56].

Eine katholische Antwort auf diese Konzepte ist ebenso klar, und ich wüßte auch nicht, wo ich, was mich selbst betrifft, daran jemals Zweifel gelassen hätte: Gegenüber Bultmann wird man getrost den Ansatz, daß nämlich Rede von Gott immer zugleich Rede von der ei-

---

[56] Man verzeihe die summarische Bemerkung ohne Belege. Der Kenner weiß, worauf ich mich beziehe.

genen Existenz ist und sein muß, übernehmen können und gleichzeitig größte Zweifel anmelden, ob alles, was Bultmann daraufhin als „Mythos“ und „Vergegenständlichung Gottes“ glaubt zur Diskussion stellen zu müssen, wirklich die kirchliche Tradition in ihrem wahren Sinn ist oder nicht vielmehr eine Karikatur, mag sie auch gar nicht selten durch vergröberte Vorstellungen der Volksfrömmigkeit (und sie nährende ahnungslose Formulierungen der Theologen) scheinbar bestätigt werden. Ein treffendes Beispiel, an dem man dies exemplifizieren *könnte,* wenn hier dazu der Ort wäre, wäre etwa das kirchliche Dogma von der Gottessohnschaft Jesu.

Gegenüber Ebelings Lutherinterpretation wird man dies geltend machen müssen: Die theologische Definition des Menschen als Ereignisse der Beziehung zu Gott ist nicht schlechthin identisch mit der Form, in der Luther sie ausdrückt; sie kann sich vielmehr „in, mit und unter“ sehr verschiedenen Wirklichkeitsvorverständnissen zur Geltung bringen, sogar „substanzontologisch“. Die höchst wichtige Frage nach der Hermeneutik Luthers wird – jedenfalls für den Katholiken und zumal für den katholischen Kirchenhistoriker – problematisch, wenn sie unter der Hand sozusagen zur hermeneutischen Frage nach Luther wird, vor der sich der Ausleger des christlichen Glaubens in den Auszulegenden verwandelt. Es ist dann fast das kleinste Unglück, das passieren kann, wenn Luther als historische Gestalt in ihrer höchst komplexen historischen Situation und darin mit ihrer komplexen historischen Rätselhaftigkeit dem Blick entschwindet.

Ich meine, mit diesen Überlegungen müßten eigentlich Peter Manns' Bedenken zerstreut sein. Den Vorwurf, einem „inhaltleeren“ theologischen Existentialismus aufgesessen zu sein, habe ich unter seinen Vorwürfen immer als den unverständlichsten empfunden. Meine „Sympathien“ für den sog. theologischen Existentialismus konzentrierten sich, beschränkten sich aber auch stets auf die allerdings unerbittliche Regel, theologische Aussagen nicht als „verobjektivierende“ Aussagen über Sachverhalte, sondern als Aussagen über die Zuwendung Gottes *zum Menschen* zu machen. Das aber lernt man doch bei niemand eindeutiger als bei Luther, dessen Grundregel vom „pro me“, „pro nobis“ ja doch auch nach Peter Manns die Signatur theologischer Aussagen ist und keinesfalls im Sinne von Paul Hackers „reflexivem Glauben“ verstanden werden

darf[57]. So können wir, vom Problem der „existentialen Lutherdeutung“ entlastet, uns nun dem letzten Themenkreis zuwenden:

4. Historische und systematische Lutherinterpretation

Ich bin mit Peter Manns völlig einig darüber, daß die eine und uns alle verbindende transzendente Wahrheit Gottes uns nur in geschichtlicher Gestalt und damit auch in geschichtlich-perspektivischer Verkürzung erkennbar wird. Daher verzichte ich hier darauf, noch einmal einzelne brillant formulierte Spitzensätze (z. B. und vor allem 48: „... flieht unter Berufung auf die ‚Geschichtlichkeit‘ aus der Geschichte...“) darauf näherhin abzuhören, ob sie wirklich treffen, was ich (und andere) gemeint habe. Ich bin eben deswegen, wie schon unter 2. ausgeführt, mit Manns über die Unerläßlichkeit kirchen- und theologiegeschichtlicher Forschung für die systematisch-theologische Arbeit einig. Umgekehrt dürfte Manns nicht widersprechen, wenn ich das systematisch-theologische Gespräch mit der *gegenwärtigen* lutherischen Theologie und ihrer Bezugnahme auf Luther für notwendig erachte. Sie kann die Arbeit an den Quellen nicht ersetzen, was ich ja auch niemals behauptet habe, aber sie kann diese befruchten, indem sie ihr konkrete Suchfragen stellt, Motivationen vermittelt, auch Warnungen bereithält.

Ganz und gar aber stimme ich der von Peter Manns erklärten „Waffenbrüderschaft“[58] zu, wo es darum geht, Luthers Theologie, gegen alle evangelische „Luthervergessenheit“ und katholische „Lutherophobie“ als geistige und geistliche Kraft der Christenheit zu bewahren bzw. zurückgewinnen oder, wie ich es damals mit einer allerdings etwas anderen Nuance formulierte: Luther „als eigene Möglichkeit theologischen Denkens und Existierens“[59] zu begreifen. Ich bestätige überhaupt die in der Kontroverse nie verlorenge-

---

[57] *Manns* denkt denn auch so wenig wie sein Lehrer daran, der These *Hackers* vom „reflexiven Glauben“ Luthers beizupflichten: Lutherforschung heute, 25f. Anm. 88; „Lortz“ (s. Anm. 11) 385 Anm. 121. Überraschenderweise übernimmt aber *E. Iserloh* von Hacker zumindest den *Begriff* des „reflexiven Glaubens“ zur Kennzeichnung von Luthers Auffassung: HKG IV (1967) 58.

[58] *Manns,* „Lortz“, 384; „Krise“, 103–106.

[59] Vgl. *Pesch,* Zwanzig Jahre, 406; Abenteuer, 430; vgl. auch den in Anm. 9 genannten Aufsatz. Manns zitiert diese Formulierung zunächst kritisch, später zustimmend; vgl. Lutherforschung heute, 49 mit „Lortz“, 384 und „Krise“, 106.

gangenen Gemeinsamkeiten, wie sie Manns jüngst aufgelistet hat[60]. Außerdem ist auch für mich, anders als Manns befürchtet[61], die Frage nach der „Häresie" Luthers keineswegs gegenstandslos – ich habe stets betont, daß mit meinem „Ansatz" darüber in keiner Weise apriorisch vorentschieden sei. Denn auch nach meinem Verständnis ist Kontroverstheologie das Streitgespräch über die Häresie[62]. Wenn ich das Wort „Häresie" bzw. „Häretiker" in bezug auf Luther in Anführungsstriche setze, so nicht, um *grundsätzlich* Häresie bei Luther dahingestellt sein zu lassen, sondern nur die *üblicherweise angenommene,* bei der in aller Regel das Gespräch dann auch endet. Da überdies die Kirche offenkundig Häresien in ihren Reihen toleriert und faktisch auch tolerieren muß – man nennt das heute „Partialidentifikation mit der Kirche"![63] – entsteht, eigentlich entgegen dem logischen Wortsinn des Begriffes, die Frage, welche Häresien um des Glaubens willen kirchentrennend sind und sein müssen und welche nicht. Ob dann die von Manns[64] in engem Anschluß an herkömmliche Auffassungen aufgestellte Liste: Sakramente, Kirche, Papsttum, Heiligenverehrung die eigentlich neuralgischen Punkte enthält, erscheint mir nicht ganz so sicher.

Was bleibt, nach soviel Übereinstimmung, noch auszudiskutieren? Manns hat es bis in seine jüngsten Äußerungen zur Sache hinein immer zurückgewiesen, daß Lortz und die „Lortz-Schule" Luther nur mit der theologischen Tradition *vor* ihm verglichen, daran seine Rechtgläubigkeit bemessen und demnach das über die *wirkliche* katholische Tradition (also nicht etwa über die ockhamistische Schultheologie) Hinausgehende als das „Häretische" angesehen hätten. Es sei eine Fehlinterpretation, Lortz zu unterstellen, er habe als „katholisch" nur den Luther angesehen, der im Durchbruch durch den „unkatholischen" Ockhamismus die wirkliche katholische Tradition wiederentdeckt, und demgemäß für „häretisch" je-

---

60 Vgl. *Manns,* „Krise", 106.

61 Vgl. Lutherforschung heute, 38f.; „Krise", 105f.

62 Vgl. dazu *R. Kösters,* Zur Theorie der Kontroverstheologie. Wissenschaftstheoretische Reflexionen über Begriff, Gegenstand und Methode der Kontroverstheologie, ZkTh 88 (1966) 121–161.

63 Vgl. zu diesem schwierigen Problem u.a. *K. Rahner,* Strukturwandel der Kirche als Aufgabe und Chance (Freiburg i. Br. 1972 u.ö.) 76–81; *F. Haarsma/W. Kasper/F.-X. Kaufmann,* Kirchliche Lehre – Skepsis der Gläubigen (Freiburg i. Br. 1970).

64 „Krise", 105f.

nen Luther, der über diese wiederentdeckte katholische Tradition doch noch hinausgeht. Es ist wahr, das habe ich gesagt, und zwar noch in jüngster Zeit[65]. Unrichtig ist allerdings, daß ich damit Lortz die Absicht einer „hinterlistigen Apologetik" (20) unterstellt hätte, die Luther das, was er notvoll gegen die damalige Kirche wiederentdeckt hat, flugs entwendet und als eigentlich nie verschleudertes Erbe reklamiert[66]. Warum sollte es denn miese „Apologetik" und nicht vielmehr höchst legitime Verteidigung der eigenen Kirche sein, darauf hinzuweisen, daß Luther – vielfach – in der Sache entgegen seiner eigenen Sicht der Dinge offene Türen einrennt und das eigentlich auch hätte bemerken können?

Nun brauche ich nicht erneut zu betonen, daß schon der Vergleich zwischen Luther und der Tradition *vor* ihm als solcher seine Aktualität hat. Denn insoweit wird Luther ja gerade auf der Linie von Joseph Lortz *auch* zum Zeugen der kirchlichen Tradition, und zu einem wortgewaltigen dazu. Trotzdem vermag ich noch nicht zu sehen, wie meine Analyse und Beurteilung der Lortz'schen Würdigung Luthers schon aus den Angeln gehoben wäre. Gern gebe ich zu, daß ich die „paradoxale" Art unterschätzt habe, mit der Lortz den „katholischen" und den „häretischen" Luther in eins sieht und das „katholische Erbe" bei Luther nur *in* der „einseitigen Fehldeutung", der „objektiv falschen Darstellung"[67] haben zu können glaubt, nicht außerhalb ihrer und getrennt von ihr. Nur ist die Frage nach dem *Maßstab der Unterscheidung* damit nicht beantwortet bzw. der gegebenen Antwort – der Maßstäblichkeit der vor-ockhamistischen Tradition – noch kein neues Element hinzugefügt. Überdies darf hier darauf hingewiesen werden, daß gerade in jüngster Zeit kein Geringerer als Erwin Iserloh eine Würdigung Luthers vorträgt, die, bösartig ausgelegt, geradezu auf eine Dreiteilung Luthers zuläuft: Da ist der junge Luther, dessen reformatorische Entdeckung nicht kirchentrennend ist, da ist der frühreformatorische Luther, der ohne zwingenden

---

[65] Vgl. Zwanzig Jahre, 395–397; Abenteuer, 423–425; Der Stand der Verständigung (s. Anm. 10) 538 f.; „Ketzerfürst" und „Vater im Glauben" (s. Anm. 10) 129; 133; 145.

[66] Mit Erstaunen liest man dann allerdings, daß *Manns*, „Lortz", 383, mit dem gleichen Ausdruck „hinterlistige Apologetik" auf eine „höchst gefährliche Engführung" des Lorz'schen Ansatzes hinweist. Da möchte man geradezu Lortz gegen Manns verteidigen, denn ... s.o. das Folgende!

[67] Vgl. Reformation in Deutschland I, 192.

theologischen Grund, vielmehr aus Eigensinn und mangelnder Lernbereitschaft, wesentliche Positionen des kirchlichen Glaubens und der kirchlichen Praxis aufgibt und deshalb mit Recht verurteilt wurde; da ist schließlich der ältere Luther, der im Zuge der Auseinandersetzung mit den Schwärmern sich vorher geopferte kirchliche Überzeugungen einsichtig wieder neu aneignet, wenn auch nicht in ausreichendem Maße – vor allem im Bereich des Kirchen- und Amtsverständnisses[68].

Was aber Peter Manns selbst meint, belegt trotz aller Verwahrungen ein eindeutiges Zitat: „Von einem katholischen ‚Konsens' mit Luther kann nur die Rede sein, wenn er sich als theologisch und inhaltlich bestimmte Übereinstimmung des historischen Luther mit der zeitgenössischen Lehre der Kirche erweisen läßt. Die Tatsache, daß diese Erkenntnis erst heute möglich wird, verweist dabei klar auf die historische Begrenzung und auf die geschichtliche Offenheit theologischen Erkennens. Daraus aber ergibt sich wieder die doppelte Einsicht, daß erstens der am historischen Luther heute erkannte Konsens seinem wesentlichen Inhalt nach auch Gültigkeit besitzt für das Glaubensbewußtsein der Gegenwart und daß zweitens der historischen Quelle reformatorischer Theologie gleichsam normative Bedeutung zukommt gegenüber dem ‚modernen' Luther der inner-reformatorischen Entwicklung und also als kostbares ‚Erbe' gerade für die ökumenische Erschließung zu hüten ist" (43 f.). Diese Sätze würde ich, das vorab, voll und ganz unterschreiben – bis auf das Wörtchen „nur" im ersten Satz. Aber Manns setzt dieses Wort mit Bedacht, die zitierten Sätze sind eine „feierliche" Zusammenfassung seiner Position (zwei Zeilen vorher: „Halten wir darum fest..."). Warum soll ich dann aber einem Mißverständnis erlegen sein, wenn ich behaupte, der Vergleich, der die Frage eines Einklangs zwischen Luther und der katholischen Lehre klären soll, erfolge in der „Lortz-Schule" „nach rückwärts"? Denn die „zeitgenössische" Lehre der Kirche ist ja nach übereinstimmender Auffassung der Lortz-Schüler nicht der Ockhamismus – der ist ja „unkatholisch" –, sondern die vor- und außerockhamistische kirchliche Tra-

---

[68] Vgl. *E. Iserloh,* Luther und die Kirchenspaltung. Ist das Reformatorische kirchentrennend?, in: H. F. Geißer u.a., aaO (s. Anm. 10), 73–92; ebenso im „Gespräch" bei *H. Gumnior,* Vergeßt Luther. Der überholte Reformator (Reinbek 1982).

dition in ihrem auch damals noch gegebenen Weiterwirken. So kann denn Manns auch keinen Sinn mehr erkennen, es sei denn einen unguten, wenn er mich fragt: „Denn was bedeutet für Pesch noch ‚katholische Lehre', wenn er der Auffassung ist, daß heute ‚katholisch' sein könne, ‚was damals (d.h. zur Zeit Luthers und des Tridentinums) unkatholisch war'" (42)[69]. In dieser von mir überlegten Möglichkeit sieht Manns eine Gefahr für „die Bewahrung des schlichten Inhalts der Glaubensaussage, die letztlich allein einen ‚Konsens' zu rechtfertigen vermag" (42 Anm. 139). Kurze Zeit später bekommt Manns alle erdenkliche Schützenhilfe – ich allerdings auch die gewünschte Bestätigung meines Urteils – aus dem Munde des „Altmeisters" selber, wenn er sich gegen „neuere katholische Elucubrationes" wendet, die Luther auch da noch zu rezipieren suchen, wo er der wirklich katholischen Lehre widersprach: „Sie kanonisieren den Relativismus."[70]

Nun habe ich niemals die Gegenwartsbedeutung eines Konsensaufweises zwischen Luther und der gültigen katholischen Lehre zu seiner Zeit bestritten. Was ich bestritten habe, ist lediglich das „nur" in dem zitierten Satz von Manns. Der Kern der Kontroverse um „historische" und „systematisch-ökumenische" Lutherinterpretation besteht also in der Tat in der Frage, ob heute als „katholisch" gelten könne, was damals als „unkatholisch" galt. Dazu eine schlichte Frage und eine ebenso schlichte Veranschaulichung.

Es gilt in der „Familia Lortziana" bekanntlich nicht nur als möglich, sondern sogar als ein „Essential", daß es damals in der katholischen Kirche unkatholische Lehre gab: den Ockhamismus. Anderseits *galt* diese Lehre damals als „katholisch", sie gilt, wie Peter Manns gerade jüngst wieder ausgewiesen hat[71], nicht nur evangelischen, sondern auch katholischen Forschern heute noch als katholisch, wenn sie auch heute nicht mehr weiterwirkt. Es hat sogar den bekannten Gelehrtenstreit zwischen Heiko A. Oberman und Hanns Rückert gegeben, ob nicht das Trienter Konzil – durch einen bewußt

---

[69] Mit Bezug auf Abenteuer, 425.

[70] Vgl. *J. Lortz,* Wert und Grenzen der katholischen Kontroverstheologie in der ersten Hälfte des 16. Jahrhunderts, in: A. Franzen (Hg.), Um Reform und Reformation. Zur Frage nach dem Wesen des „Reformatorischen" bei Martin Luther (Münster 1968) 9–32, hier: 31.

[71] Vgl. *Manns,* „Lortz", 360–370.

differenzierenden Gebrauch der Worte „mereri" und „promereri" – den Raum für bestimmte, von Luther heftig bekämpfte ockhamistische Thesen freigehalten habe[72]. Luther jedenfalls hätte damals nicht nur jeden Konflikt mit der Kirche vollständig vermeiden, sondern sich auch nach Meinung der anderen theologischen Schulen durchaus als „gut katholisch" fühlen dürfen, wenn er sich auf die Positionen der „via moderna" (wieder) zurückgezogen hätte. Trotzdem hält Lortz mit Luther den Ockhamismus für häretisch, und Luther, insoweit er den Ockhamismus durch Rückgriff auf Bibel und altkirchliche Tradition überwindet, für katholisch – von *heute* aus gesehen, obwohl Luther nach damaligem Urteil und sogar zuweilen noch nach heutigem – man denke an Theobald Beer[73] – durch seinen Angriff gegen den Ockhamismus unkatholisch wurde. In diesem Sinne gibt es also für Lortz und ja auch für Manns den Tatbestand, daß damals als „katholisch" Geltendes heute „unkatholisch" ist, zumindest als „unkatholisch" hingestellt werden darf, und das heißt dann umgekehrt: daß insoweit das damals als „unkatholisch" Geltende heute „katholische Lehre" ist, zumindest in seinem Anspruch auf den Namen „katholisch" nicht beanstandet werden kann. Der Hinweis, daß es sich dabei ja „nur" um „altes katholisches Erbe" handelt, das unter verderblichen Überlagerungen freigelegt wurde, ist wohlfeil, denn man muß ja fragen: Wie ist es denn möglich geworden – so lange ist das ja noch nicht her! –, das „Unkatholische" des Ockhamismus durchschauen zu lernen? Das ist offenbar keine

---

[72] Vgl. *H. A. Oberman,* Das tridentinische Rechtfertigungsdekret im Lichte spätmittelalterlicher Theologie, ZThK 61 (1964) 251–282; dazu (der von Oberman angegriffene) *H. Rückert,* Promereri. Eine Studie zum tridentinischen Rechtfertigungsdekret als Antwort an H. A. Oberman, ZThK 68 (1971) 162–194, abgedruckt in ders., Vorträge und Aufsätze zur historischen Theologie (Tübingen 1972) 264–294. Zustimmung zu Oberman bei *Schillebeeckx* in dem w. o. Anm. 29 genannten Aufsatz. Oberman bleibt – mit neuen Belegen – bei seiner Meinung; vgl. seine neue Wortmeldung in *ders.,* Werden und Wertung der Reformation. Vom Wegestreit zum Glaubenskampf (Tübingen 1977) 135–139.

[73] Vgl. *Th. Beer,* Der fröhliche Wechsel und Streit. Grundzüge der Theologie Martin Luthers (Leipzig 1974, stark verändert und erweitert Einsiedeln ^{2}1980). Zur Auseinandersetzung mit Beer vgl. *W. Löser,* in: ThPh 56 (1981) 565–573; *Manns,* Das Lutherjubiläum (s. Anm. 10) 295–298; *ders.,* „Katholische Lutherforschung in der Krise?" (s. Anm. 10) 112–127; *Pesch,* „Ketzerfürst" und „Vater im Glauben" (s. Anm. 10) 143–146; *E. Iserloh,* Der fröhliche Wechsel und Streit. Zu *Theobald Beers* Werk über Grundzüge der Theologie Martin Luthers, Catholica 37 (1982) 101–114.

Zufallseinsicht, sondern beruht auf *späteren* Erfahrungen, die zunächst einmal Unbehagen an dem „als katholisch Geltenden", in diesem Fall an der ockhamistischen Theologie weckten und darum zur schärferen Nachfrage nach seinen Implikationen, seinen historischen Ursprüngen und seinen Unterschieden zur älteren, unbezweifelbar kirchlich-katholischen Tradition anhielten. Impulse aus der jeweiligen *Gegenwart* des historisch Forschenden, also Fragen, die ihrer Natur nach zum Gegenstandsbereich systematischer Theologie gehören, führen zur Revision des *Urteils* über die *Vergangenheit,* in diesem Fall über die zeitgenössische Theologie um Luther. Mit anderen Worten: Weil Luther sich plötzlich im Vergleich „nach vorwärts" günstiger ausnimmt als bisher gewohnt, kommt der Vergleich „nach rückwärts" mit günstigerem Ausgang, also mit einem weitergehenden Konsensergebnis in Gang. Das heißt aber: Die „inhaltlich bestimmte Übereinstimmung des *historischen* Luther mit der zeitgenössischen Lehre der Kirche" (43) impliziert schon, und zwar *vorgängig,* eine „inhaltlich bestimmte Übereinstimmung des historischen Luther" mit der *gegenwärtigen* katholischen Lehre, zumindest die Vorausvermutung einer solchen Übereinstimmung.

Nun rutscht man damit, mit Lortz zu reden, nur dann nicht in den „kanonisierten Relativismus" ab, wenn sich eine solche systematisch induzierte schärfere historische Nachfrage nach Luther selbstverständlich im Rahmen der verbindlichen kirchlichen Lehre hält. Dieser, für einen katholischen Theologen selbstverständlich unbestreitbare Grundsatz muß freilich so verstanden werden, daß er der „Majestät" einiger „Tatsachen", die in jeder Denzinger-Ausgabe nachzuprüfen sind, standhält. Ich verzichte auf die Veranschaulichung an einigen geradezu „klassischen" Fällen der Dogmengeschichte[74] und greife zwei möglichst aussagekräftige Beispiele aus der Theologie Luthers heraus.

Luthers Formel, daß der Christ „gerecht und Sünder zugleich" („simul iustus et peccator") sei[75], ist in Trient eindeutig zurückgewie-

---

[74] Vgl. aber *O. H. Pesch,* Kirchliche Lehrformulierung und persönlicher Glaubensvollzug, in: *H. Küng* (Hg.), Fehlbar? Eine Bilanz (Zürich 1973) 249–279, hier: 253–257; 272–274.

[75] Zu dieser Formel vgl. jetzt *Pesch,* Hinführung zu Luther (Mainz 1982) 189–202. Dort auch die kontroverstheologische Problematik, die hier natürlich nicht entfaltet werden kann.

sen worden[76]. Die Formel gilt also damals nicht nur in einer bestimmten theologischen Schule, sondern *kirchenamtlich* als unkatholisch. Kein Geringerer als Karl Rahner hat sie als dogmatisch-theoretische These für unmöglich erklärt[77], und noch 1967 hält immerhin Albert Brandenburg sie für eine problematische These[78]. Aber schon 1962 denkt Lortz – offenbar unter dem Einfluß von Peter Manns – anders[79], und seit der Mitte der 60er Jahre liegen mehrere, Luthers Intention gewiß treffende Auslegungen und Erklärungen der Formel vor, die diese als eine katholisch mögliche erweisen[80]. Auch in der „Lortz-Schule" dürfte sich ja niemand mehr vorstellen können, daß diese Formel – immerhin *eine* Zusammenfassung der Rechtfertigungslehre Luthers! – heute noch einmal kirchentrennend wirken würde, und dies, obwohl gleichzeitig nachgewiesen ist, daß sie in der lutherischen Form nicht durch Paulus gedeckt ist[81]. *Heute kann also das als katholisch akzeptiert werden, was damals in aller Form kirchenamtlich als unkatholisch verurteilt wurde.*

Zur Veranschaulichung noch ein ganz anderes Beispiel. Das Trienter Konzil hat unter Verurteilung aller anderen Auffassungen die Transsubstantiationslehre zur Sicherung der eucharistischen Realpräsenz definiert[82]. Das Konzil hat damit den Glauben an eine *Wandlung* der eucharistischen Gaben als unverzichtbar mit dem Glauben an diese Realpräsenz verbunden erklärt. Luther dagegen hat – mit welchem Maß an Berechtigung auch immer – die Transsubstantiationslehre, die „zweite Gefangenschaft" des Herrenmahls, immer aufs heftigste bekämpft[83] und, im Anschluß an Gedanken der Kirchenväter, die Realpräsenz nach dem Modell der Inkarnation gedacht: Wie die Menschennatur gerade erhalten bleibt, wenn sich der Logos mit ihr verbindet, so auch das Brot, wenn es der Leib Christi wird[84]. Es hilft Luther also nichts, daß er wie kein anderer der Refor-

---

[76] Vgl. DS 1528–1530 in Verbindung mit 1515 und 1524; 1561 f.

[77] Vgl. *K. Rahner,* Gerecht und Sünder zugleich, in: Schriften zur Theologie VI (1965) 262–276.

[78] *A. Brandenburg,* Martin Luther gegenwärtig (s. Anm. 41) 109.

[79] Vgl. *Lortz,* Luthers Römerbriefvorlesung (s. Anm. 49) 149 ff.; 238–247.

[80] Sie sind verzeichnet bei *Pesch* an der in Anm. 75 angegebenen Stelle.

[81] Vgl. vor allem *W. Joest,* Paulus und das Luthersche simul iustus et peccator, KuD 1 (1955) 269–320.

[82] DS 1651 f.

[83] WA 6, 508, 1–512, 6.

[84] WA 6, 511, 34–512, 6.

matoren auf der wirklichen Gegenwart des Leibes und Blutes Christi im Herrenmahl besteht, er ist durch Trient mitverurteilt, weil er keine Wandlung lehrt.

In unseren Jahren nun haben katholische Theologen, um die eucharistische Realpräsenz zu erklären und dabei den heute zutage getretenen und sattsam bekannten Schwierigkeiten der Transsubstantiationslehre[85] zu entkommen, neu auf eben jene Analogie zur Inkarnation zurückgegriffen, die im Falle Luthers dem Trienter Konzil nicht genügt hatte – wobei man eben dies natürlich nicht übersieht, es aber, wenn auch um den Preis einiger „subtilickeit" (Luther[86]), glaubt meistern zu können[87]. Wieder also: Was damals unkatholisch war, kann heute jedenfalls in einem katholischen Dogmatik-Handbuch vertreten werden.

Wie ist ein solcher Vorgang im wörtlichen Sinne *denk-bar?* Wie kann das mit rechten Dingen zugehen, was Manns selbst wie in einem unbewachten Augenblick, aber mit aller wünschenswerten Deutlichkeit erklärt: daß „uns die trügerische Selbstsicherheit nachtridentinischer Sicht zerbricht" (44 Anm. 147), wo doch diese „Sicht" jahrhundertelang als Ausdruck eben der gegen die Reformation „gesicherten" katholischen Lehre galt? Das Stichwort „Mißverständnisse", so sehr es im kontroverstheologischen Gespräch nach wie vor mit seinem vollen Gewicht am Platze ist, hilft hier nur eine kurze Strecke weit – eine weit kürzere Strecke als etwa beim Thema der „Heilsgewißheit" oder der „fides caritate formata"[88]. Der Vorgang ist jedenfalls *nicht kirchenhistorisch* zu erhellen, nicht dadurch zu erklären, daß Luther nie bestrittene, wohl aber vergessene katholische Wahrheit wiederentdeckt hat. Luthers „simul" war – von Andeutungen bei einigen Heiligen abgesehen, die aber nicht auf der Linie dogmatischer Reflexionen, sondern auf der von emphatischen Frömmigkeitsaussagen liegen – keine „wiederentdeckbare" traditio-

---

[85] Vgl. dazu, anstelle einer langen Literaturliste, die in Anm. 29 verzeichneten Arbeiten von *Schillebeeckx* und bei *Schneider,* aaO 95–205. Schneider macht an den in Anm. 29 angegebenen Stellen deutlich, daß man zum Thema „Opfercharakter der Eucharistie" ganz ähnliche Beobachtungen machen könnte.

[86] Vgl. WA 2, 749,37.

[87] Vgl. *J. Betz,* Eucharistie als zentrales Mysterium, in: J. Feiner/M. Löhrer (Hg.), Mysterium Salutis. Grundriß heilsgeschichtlicher Dogmatik, IV/2 (Zürich 1973) 185–313, hier bes. 306–310.

[88] Vgl. dazu jetzt *Pesch,* Hinführung zu Luther, 116–128; 154–168.

nelle Formel, wie es etwa bei der „Gerechtigkeit Gottes, durch die er uns gerecht macht", der sog. „iustitia dei passiva" der Fall war[89]. Luthers „simul" ist also der klare Fall einer „Neuheit" in Luthers Theologie, damals häretisch, heute rechtgläubig, zumindest nicht mehr häretisch. – Die Inkarnations-Analogie bei der Deutung der eucharistischen Realpräsenz ist zwar *keine* „Neuheit", sondern die Wiederaufnahme eines patristischen Gedankens, freilich eines solchen, der kirchenamtlich damals für unzureichend erachtet wurde und heute nicht mehr wird. Man könnte boshaft fragen, welcher Fall brisanter ist, die *bloße* Neuheit oder die verworfene Wiederentdeckung, denn: War in diesem Fall dann am Ende nicht nur eine theolgische Schule (z.B. der Ockhamismus), sondern ein *Konzil* „unkatholisch"?

In *solchem* Kontext und aufgrund *solcher* Beobachtungen stellt sich mir das Problem einer „systematischen" Lutherinterpretation, des theologischen Vergleichs „nach vorwärts", der Konsensfeststellung zwischen Luthers Theologie – notabene: der Theologie des *historischen* Luther! – und der katholischen Theologie der Gegenwart, soweit sie zwar vielleicht wissenschaftlich umstritten, aber kirchlich nicht beanstandet ist und insofern gegenwärtiges katholisches Glaubensbewußtsein im Rahmen der kirchlichen Lehre widerspiegelt. Eben dies habe ich seit Jahr und Tag immer wieder versucht[90]. Für das katholische Urteil über Luther hat das natürlich eine, je nach Voreinstellung entlastende oder belastende, Konsequenz: Man kann dann Luther nicht mehr anklagen, wenn er damals gesagt hat, was heute auch katholische Theologen sagen, und wenn er damals in Frage gestellt hat, was heute auch katholische Theologen nicht mehr aufrecht erhalten.

Wie man sieht, hat das mit einer wie immer verstandenen „exi-

---

[89] Vgl. dazu die Hinweise und die Literatur bei *Pesch,* aaO 86f.

[90] Zuletzt und bisherige Bemühungen bündelnd in: Hinführung zu Luther. – Ich danke Peter Manns, daß er mir ausdrücklich attestiert, dabei nie von Luther-*Deutung* gesprochen zu haben (35 Anm. 123; vgl. 57). Diese von A. Brandenburg gebrauchte Unterscheidung halte ich für ungut, weil das Wort „Deutung" zu sehr ein mehr oder weniger willkürliches, jedenfalls nicht hart belegbares Mutmaßen assoziieren läßt. Die von mir, Abenteuer, 417, gebrauchte Unterscheidung zwischen Luther*forschung* und Luther*interpretation* bezieht sich auf die hier erwogene Verschiedenartigkeit zwischen historischer Erhebung der Theologie Luthers und deren Vergleich mit *gegenwärtiger* (katholischer) Theologie – und dieser Vergleich muß in meinem Sinne klar belegt werden.

stentialen Hermeneutik" gar nichts zu tun. Dafür umso mehr mit der von Manns immer wieder beschworenen *Geschichte*. Denn nichts anderes nötigt zu einer solchen systematischen Lutherinterpretation als eindeutige „Tatsachen" der nachtridentinischen Kirchen- und Theologiegeschichte. Solches allerdings für legitim zu halten – man könnte ja umgekehrt auch gut und gern die bedingungslose Rückkehr zu den Formulierungen von Trient fordern und demgemäß alle jene neueren systematischen Beurteilungen für häretisch, günstigstenfalls für ökumenisches Wunschdenken halten! –, das setzt natürlich ein Konzept von „Geschichtlichkeit" des Glaubens voraus, zu dessen Bewältigung die Alternative von „Relativismus" oder „Wahrheit" nicht ausreicht. Darauf kann hier nicht näher eingegangen werden – nicht weil es unmöglich wäre, sondern weil es hieße, eine „Elefantenmahlzeit" zu beginnen[91]. Die schlichte Feststellung solchen offenbar *nicht* illegitimen Urteilswandels von (damals) „unkatholisch" zu (heute) „katholisch" entlastet aber schon von der Schwierigkeit – und genau *dies* war immer meine weitergehende Meinung „über Lortz hinaus" –, das Gespräch mit Luther dort bis auf weiteres abbrechen zu müssen, wo sowohl die damalige als auch immer noch die heutige Kirche nein sagen zu müssen glaubt. Wenn man kein dogmengeschichtlicher und dogmatischer „Positivist" ist, der nur das Argument hat, inzwischen sei eben dogmatisiert, was damals noch „offen" war, wie kann man dann für das 16. Jahrhundert es für möglich halten, daß die katholische Verkündigung und Praxis einschließlich der des Lehramtes die wirkliche katholische Lehre verdeckten, sich davor aber im 20. Jahrhundert von vornherein in Sicherheit wähnen, wie man doch tun muß, wenn man bestimmte Grenzziehungen von seiten heutiger katholischer Lehre für prinzipiell „unüberschreitbar" hält? Wer sagt denn, daß sich ein Fall wie das „simul iustus et peccator" nicht auch in der Zukunft noch wiederholen kann? Darf man nicht – zumal beim Rückblick auf die letzten 20 Jahre – heute schon erwartungsvoll neugierig sein, wohin uns selbst auf dem dornigen Felde der Ekklesiologie die Fernwirkungen der diesbezüglichen Anfragen Luthers noch weiterbringen?[92] Wer

[91] Ich darf aber auf meine vorsichtigen Andeutungen in meinem in Anm. 74 genannten Aufsatz verweisen.

[92] Vgl. auch dazu *Pesch*, Hinführung zu Luther, 217–228; und w.o. S. 78–89.

will auch heute, nach Überwindung von so viel gar nicht zu bestreitender theologischer „Unklarheit“ in der Kirche des frühen 16. Jahrhunderts, mit letzter Verbindlichkeit sagen, wie „katholisch“ und auch wie „unkatholisch“ der „lutherische“ Luther ist, jener Luther also, der sich aus theologischen Gründen gegen die Kirche unter dem damaligen Papsttum gestellt hat?

Dies alles bedeutet nun keineswegs jene von Manns gerügte „pathetische Flucht in die Unaussagbarkeit, die es schon als Verrat an der Wahrheit empfindet, wenn ihr Inhalt konkret bestimmt und so als Maßstab verwandt wird“ (42). Mit dem beschränkten Kopf, den wir haben, und mit den armen Worten, die uns zu Gebote stehen, werden wir in den engen Schranken unserer jeweiligen geschichtlichen Situation inhaltlich bestimmt und entschieden aussagen müssen, was „katholisch“ ist. Schon darüber werden wir immer streiten und, letztlich unabschließbar, disputieren – und das ist gut so, denn so werden wir nie dem neuscholastischen Irrtum verfallen, in irgendeinem Satz, den wir sagen, hätten wir die Wahrheit erschöpfend in Besitz genommen. Wir werden darum auch gewärtig sein müssen und dürfen, daß man nach weiteren 500 Jahren *uns* vorrechnet, wie „unkatholisch“ wir über manche Fragen gedacht haben. Aber ein anderer Weg ist uns nicht gewiesen. Und darum ist es auf diesem Weg jeder Mühe wert, Kontroversen bis zum Konsens auszutragen – und sie, wo das nicht gelingt, bis auf weiteres notfalls auszuhalten, zum öffentlichen Zeugnis dafür, daß Gott uns als endliche Wesen mit beschränktem Geist zur Erkenntnis seines Geheimnisses berufen hat. Noch einmal: Das disqualifiziert nicht die „inhaltlichen“ Aussagen und Festlegungen. Es disqualifiziert wohl aber eine vorschnelle Bereitschaft zum „Anathema“, die bei der Anwendung des inhaltlichen Maßstabes die Relativität der „Inhalte“ im doppelten Sinne des Wortes vergißt: ihre Bezogenheit auf eine je ganz bestimmte Lebens- und Verstehenssituation, die einer Aussage überhaupt erst ihre erschließende und befreiend-wegweisende Kraft verschafft, und ihre damit unlösbar verbundene perspektivische Verkürzung, die es ihr unmöglich macht, den ganzen Reichtum der Erkenntnis des Glaubens einzufangen.

Wenn man will, mag man in diesen letzten Sätzen *ein wenig* „Existentialismus“ wahrnehmen. Denn in und unter dem Miteinander und ggf. Widereinander inhaltlicher Aussagen geht es zuletzt immer

um das eine: daß „die Existenz“, also der Mensch, sich in seiner geschichtlich bestimmten und zukunftsoffenen Situation Gott im Glauben in die Arme wirft, dem Gott, dessen „paradoxes“ Handeln uns im *Kreuz* Jesu Christi anschaulich ist und von dem eben darum gilt, was kein Geringerer als Thomas von Aquin wie zur Warnung vor allem überzogenen Pathos unverrückbarer „Inhalte“ gesagt hat: „Das ist das Letzte in der menschlichen Erkenntnis von Gott, daß sie weiß, von Gott nichts zu wissen.“[93]

IV. Ausblick auf alte und neue Aufgaben

Hier muß nun abgebrochen werden. Darum möchte ich abschließend zunächst Peter Manns von Herzen eben derselben „Waffenbrüderschaft“ bei der Arbeit an der Erschließung Luthers versichern, die er selbst schon angeboten hat[94] und die im Grunde während der ganzen Kontroverse nie unterbrochen war. Am liebsten würde ich freilich auch hier ein musikalisches dem „militärischen“ Bild vorziehen und vielleicht von einer „konzertanten Duo-Partnerschaft“ sprechen[95]. Falls ich mich klar genug ausgedrückt habe, sollte dabei auch das von Manns beargwöhnte (54ff.) Stichwort von der „mehrgleisigen Methode“ nicht mehr schrecken. Kein Zweifel, daß es in der historischen Erforschung der Theologie Luthers immer noch viel zu tun gibt. Erstaunlich genug ist es, daß trotz allen hochgezüchteten Raffinements heutiger historischer Forschungsmethoden die Bemessung der Tragweite von Konsens und Dissens zwischen der *damaligen* Theologie Luthers und der *damaligen* katholischen Theologie immer noch so viele unabgeschlossene Streitfragen bereithält. Ein nachgerade klassisches Schulbeispiel dafür ist ja die unterschiedliche Beurteilung von Luthers Aussagen über das Bischofsamt[96]. Da es nahezu sicher ist, daß in dieses unterschiedliche

---

[93] De potentia 7,5 ad 14; vgl. Summa Theologiae I 1,9 ad 3.

[94] S. w.o. S. 97; 104. [95] Vgl. w. o. in der Ersten Studie S. 13f.

[96] Jetzt am eindrucksvollsten dokumentiert in dem katholischen Urteil bei *E. Iserloh,* „Von der Bischofen Gewalt“, in: E. Iserloh (Hg.), Confessio Augustana und Confutatio. Der Augsburger Reichstag und die Einheit der Kirche (Münster 1980) 473–488; und in dem evangelischen Urteil bei *B. Lohse,* Die Stellung zum Bischofsamt in der Confessio Augustana, in: K. Lehmann / F. Schlink (Hg.), Evangelium – Sakramente – Amt und die Einheit der Kirche. Die ökumenische Tragweite der Confessio Augustana (Freiburg i. Br. – Göttingen 1982), 58–79.

Urteil Gesichtspunkte heutiger systematischer Theologie einfließen, kann es eine wahrhafte Hilfe auch für die historische Lutherforschung sein, wenn – auf einem „zweiten Gleis“ – *heutige* katholische und *heutige* lutherische Theologie ihre Streitfragen ausdiskutieren und alle Möglichkeiten eines Einklangs ausschöpfen. Es könnte sich dabei durchaus auch einmal herausstellen, daß Streitfragen von damals, mit Dietrich Bonhoeffer zu reden, „nicht mehr echt“ sind; daß Luther „überholt“ ist[97]; daß katholische Theologie der lutherischen bei der Verbreiterung von Engführungen helfen kann, die eine historische Fernwirkung Luthers sind. Es darf jedenfalls nicht einfach selbstverständlich sein, daß eine Sackgasse der Kontroverstheologie und des zwischenkirchlichen Gesprächs allein deshalb für unüberwindlich erklärt wird, weil Luther bei ihrem Bau beteiligt war. Aus gleichem Grunde muß lutherische Theologie – auf einem „dritten Gleis“ – immer wieder ihr Verhältnis zum historischen Luther bedenken. Einerseits, um ihr kostbares Erbe nicht zu verschleudern, wie es oft und oft geschehen ist, wenn man Luther einfach zum Kronzeugen für alles und jedes ernannte, was der Zeitgeist gerade zu denken vorschrieb. Anderseits aber ebenso gewiß auch, um sich ggf. die Fremdheit Luthers einzugestehen[98] und daran immer wieder zu beherzigen, daß Luther nicht nur nach katholischem, sondern auch nach evangelischem Selbstverständnis nicht einmal die „norma normata“, geschweige denn die „norma normans“ der Kirche sein kann, wohl aber der gewaltige und weit über sich hinausweisende Zeuge des Glaubens. Schließlich wird gegenwärtige katholische Theologie, auf all diesen Wegen über Luther eines Besseren belehrt, unbefangener denn je nach ihrem *heutigen* Konsens mit dem *damaligen* Luther zu fragen haben, der so vieles, was heutigem auch katholischen Glaubensbewußtsein selbstverständlich ist, auf manchmal unheimliche Weise vorausformuliert hat. Sie wird eben

---

[97] Vgl. das sozusagen unvermeidliche, aber erfrischend unkonventionelle SPIEGEL-Buch zum Lutherjahr: *H. Gumnior,* Vergeßt Luther. Der überholte Reformator (Reinbek 1982).

[98] Vgl. *G. Beetz* (Hg.), Der fremde Luther, in: Im Lichte der Reformation (Jahrbuch des Evangelischen Bundes) XVII (Beiträge von K. Bornkamm, J. Brosseder, K. Stürmer, W. Jetter, R. Frieling, M. Schmidt) (Göttingen 1974); *G. Müller,* Der fremde Luther. Die Last der Tradition im neuzeitlichen Protestantismus, in: H. F. Geißer u. a., Weder Ketzer noch Heiliger (s. o. Anm. 11) 93–122.

damit – auch zum Nutzen der lutherischen Kirche – Luther nicht zum „Kirchenvater" machen und nie jene sozusagen apriorischen persönlichen Loyalitäten entwickeln, die in lutherischer Kirche und Theologie auch heute noch nicht selten zu beobachten sind, wenn gewissermaßen nach dem Motto geurteilt wird: Bis zum klaren Erweis des Gegenteils hat Luther immer recht! Aber sie wird, ganz „vorkonfessionell" und „überkonfessionell", Luther lesen und anregend in das eigene Denken einbeziehen, wie sie auch die „eigenen" Klassiker liest, und wie die lutherische Theologie die katholische Tradition, Thomas von Aquin nicht ausgenommen, inzwischen auch als das „Vätererbe" reklamiert[99].

In solch einem „konzertanten Zusammenspiel" der Fragestellungen und Methoden – die übrigens persönliche Schwerpunktsetzungen durch den einzelnen Forscher nicht nur zulassen, sondern sogar fordern! – läßt sich dann auch der „schwankende Erfolg der historischen Forschungsarbeit" (14)[100] leichter auffangen und korrigieren – ich gestehe, das war auch so ein freches und den Historiker notwendig verletzendes Wort in meinem Bericht, aber Peter Manns dürfte doch gerade im Hinblick auf so manche „klassische" Streitfrage der historischen Lutherforschung kaum bestreiten wollen, daß es ein dickes Korn Wahrheit hat!

Im Blick auf die so verstandene „mehrgleisige Methode" mache ich mir aber um so lieber das schöne, in Anlehnung an Luther formulierte Wort von Peter Manns zu eigen, daß der katholische Konsens mit Luther wahrhaft „sub contraria specie" verborgen ist (42). Das Schicksal der katholischen Lutherforschung beweist ja in der Tat auf Schritt und Tritt, daß es so ist. Die „Sachfragen", die immer wieder von der „Geschichte" eingeholt werden – eben dies weiß ich heute besser als 1966, nicht ausschließlich, aber auch nicht unbeträchtlich wegen der kontroversen Zusammenarbeit mit Peter Manns! –, werden heute um so schwieriger, als ihnen inzwischen der Gegenwind einer wachsenden ökumenischen Gleichgültigkeit, ja Widerwilligkeit entgegenbläst.

---

[99] Exemplarisch bekanntlich *U. Kühn,* Via caritatis, Theologie des Gesetzes bei Thomas von Aquin (Göttingen 1965) 11–14; ähnlich *H. Vorster,* Das Freiheitsverständnis bei Thomas von Aquin und Martin Luther (Göttingen 1965) 14–20; weitere ähnliche Stimmen bei *Pesch,* Theologie der Rechtfertigung (s. o. Anm. 23) 5–7.

[100] Vgl. *Pesch,* Zwanzig Jahre, 406.

In diesem Kontext wird dann auch die Frage nach den „apriorischen Strukturen“ des lutherischen und katholischen Denkens weit mehr als ein, womöglich noch „typisch deutscher“, gedanklicher Luxus. Sie stehen, wie hier nicht mehr zu zeigen ist[101], oft genug im Hintergrund von Gegensätzen, die auf der Ebene der Einzelaussagen nicht aufzulösen sind. Ebenso verbergen sie aber auch „unter dem Gegensatz“ inhaltlicher Aussagen einen tiefen Konsens. Dies vor allem dann, wenn sie sich, gerade unter den Bedingungen eines heute ungünstiger gewordenen ökumenischen Klimas, zu der Frage verschärfen: *Was macht eigentlich einen Menschen zum Christen?*

Und hier schließt sich der Kreis, der mit der Frage nach „Rechtfertigung und Kirche“ beginnt[102]. Luther hat nämlich diese Frage niemals *gegen* „die Kirche“ beantwortet – etwas anderes zu behaupten, wäre im Blick auf den historischen Luther nur als absurd zu bezeichnen. Aber Luther hat diese Frage doch in einer Weise beantwortet, daß die Spannung zwischen „der Kirche“ und dem einzelnen Christen als für das Christsein konstitutiv erscheint. Spätestens seit Luther weiß man ausdrücklich und sozusagen „existentiell“, was man nie bestritten, „theoretisch“ sogar immer gewußt hat: daß man zwar nur *in* der Kirche und sogar nur *durch* die Kirche Christ ist, aber nicht zu ihren *Bedingungen*. Denn den Glauben kann man nicht an die Kirche delegieren, jeder kann, durch Gottes Werk, nur selber glauben. *Eben dies anerkennen, macht die Kirche zur Kirche.* Darum und in diesem Sinne ist der „Artikel von der Rechtfertigung“ der „Artikel, mit dem die Kirche steht und fällt“. Was hindert die katholische Kirche, die dies ausweislich der Texte des Zweiten Vatikanischen Konzils längst begriffen hat[103] und es ja selbst, wenn sie wollte, gar nicht bestreiten könnte, dies auch öffentlich einzuräumen? Sie müßte es, um Mißverständnisse zu vermeiden, nicht mit den Worten Luthers tun. Aber selbst die unausgestandenen Streitfragen um die Stiftungsgemäßheit ihrer hierarchischen Verfassung müßten es ihr keineswegs unmöglich machen zu erklären: Die Kirche ist um des Evangeliums willen da – und nicht das Evangelium um der Kirche willen. Dies laut und deutlich zu sagen, könnte das

---

[101] Vgl. aber w.o. S. 117f. zur „existentiellen“ Theologie Luthers.

[102] Vgl. w.o. die Erste Studie.

[103] Vgl. *Pesch,* Hinführung zu Luther, 217–228.

wichtigste Wort der katholischen Kirche zum Lutherjahr 1983 sein. Denn sie würde damit so, daß man sich fortan darauf berufen könnte, den auf allen methodischen „Gleisen“ evangelischer Lutherforschung erhobenen Vorwurf aus der Welt schaffen, die Kirche stellte sich zwischen Christus und die Glaubenden, ja setze sich an seine Stelle. Mit nichts könnte die katholische Kirche, soweit es an ihr liegt, den viel beschworenen „ökumenischen Stillstand“ wirkungsvoller beenden helfen, als dadurch, daß sie, ohne jede Vorentscheidung über weiter auszudiskutierende Einzelfragen, nicht nur in die gegenwärtige ökumenische, sondern die gegenwärtige Situation der Menschheit überhaupt hineinspricht: Wir sind gerechtfertigt aus Glauben – aus Glauben allein!

Und darum frei aus Glauben – aus Glauben allein![104]

---

[104] Auf einer internationalen Theologenkonsultation über Luther und die Möglichkeiten seiner ökumenischen Erschließung, veranstaltet von den ökumenischen Instituten in Straßburg, Mainz und Paderborn (11.–15. Oktober 1982), hatte ich Gelegenheit, die hier versuchte Antwort mit Peter Manns und vielen anderen Kollegen zu diskutieren. Es zeigte sich: Der „Streit“ ist zu Ende – aber ein *restloser* Einklang wurde nicht erreicht. Man akzeptierte wechselseitig die wesentlichen Anliegen und viele Einzelpositionen, aber sich gegenseitig *voll* zu verstehen fällt immer noch schwer. – Zu meiner Überraschung bestritt man mir, daß das Tridentinum das „simul iustus et peccator“ habe verurteilen, die Substanzwandlung an Brot und Wein in der Eucharistie habe definieren *wollen* (vgl. w. o. S. 134–136). Nun will ich gern mein dogmengeschichtliches Urteil noch einmal suspendieren – zumal ja, wenn meine Kritiker recht hätten, zwei weitere wichtige lutherisch-katholische Kontroversen, gegen den unanimis consensus der katholischen Theologie bis vor höchstens 20 Jahren, gegenstandslos geworden wären. Es ist mir keine Frage, daß das Tridentinum *faktisch* nicht die wirkliche reformatorische Lehre getroffen hat, weil die Väter nicht bemerkten, daß man sich in verschiedenen, unverrechenbaren Denk- und Sprachformen bewegte, obwohl man gleich ernsthaft dieselbe Sache meinte. Doch diese Feststellung mitsamt ihrem Beurteilungsansatz ist die *heutige* Sicht. Aber kann man angesichts des Streites auf dem Konzil um die „iustitia inhaerens“ (und gegen die „doppelte Gerechtigkeit“ Seripandos!) bestreiten, daß das Konzil eine Sprachregelung – „si quis dixerit“ – für unzulässig erklären *wollte*, derzufolge der „iustus“ auch noch zugleich „iniustus“ genannt werden könne (vgl. *Jedin*, Geschichte des Konzils von Trient II [Freiburg i. Br. 1957] 139–164; 201–268, bes. 215 ff.)? Und nur darauf kommt es an! Hätten wir uns nicht die ganze Eucharistiedebatte der letzen zwei Jahrzehnte (einschließlich der Enzyklika „Mysterium Fidei“) sparen können, wenn Trient die Vorstellung des Substanzwechsels als mit dem katholischen Eucharistieglauben unlöslich verbunden *nicht* hätte definieren wollen? Und nur darauf kommt es an im Zusammenhang meiner Argumentation. – Ich hoffe im übrigen, daß *Peter Manns* sein großes Paper, das er für die Konsultation als Entgegnung auf meine „Antwort“ verfaßt hat, ungekürzt veröffentlichen kann.